손병희

글쓴이 **강석하**
1957년 대구에서 태어났으며 영남대학교 국어국문학과를 졸업하였다. 1989년 '현대문학'에 단편소설 〈수풀과 뜨락〉이 추천 완료되어 등단하였다. 주요 작품으로는 〈한낮의 몽유〉 〈근하신년〉 〈늪 속의 방〉 등이 있으며 지은 책으로는 《대한국인 안중근》이 있다.

감수자 **김광운**
경기도 시흥에서 태어나 한양대학교 사학과와 같은 학교 대학원을 졸업했다. 현재 국사편찬위원회에 재직 중이며, 한겨레통일문화연구소 연구위원, 민주화운동기념사업회 자문위원으로 활동하고 있다. 한양대학교와 한신대학교, 조선대학교, 서울교육대학교 등지에서 학생들을 가르치고 있다. 지은 책으로는 《통일 독립의 현대사》 들이 있다.

손병희
우리가 잊지 말아야 할 독립운동가 7

3판 1쇄 인쇄 | 2019년 7월 30일
3판 1쇄 발행 | 2019년 8월 5일

지 은 이 | 강석하
감 수 자 | 김광운
펴 낸 이 | 정중모
펴 낸 곳 | 파랑새
등　　록 | 1988년 1월 21일 (제406-2000-000202호)
주　　소 | 경기도 파주시 회동길 152
전　　화 | 031-955-0670　팩　스 | 031-955-0661~2
홈페이지 | www.bbchild.co.kr
전자우편 | bbchild@yolimwon.com

ⓒ 파랑새, 2003, 2007, 2019
ISBN 978-89-6155-857-0 74910
　　　978-89-6155-850-1 (세트)

- 책값은 뒤표지에 있습니다.
- 출판사의 허락 없이 이 책의 일부 또는 전체를 인용하거나 발췌하는 것을 금합니다.
- 본 도서는 파랑새 〈인물로 보는 한국사〉 시리즈와 동일한 도서입니다.

어린이제품안전특별법에 의한 제품 표시
제조자명 파랑새 | 제조년월 2019년 8월 | 제조국 대한민국 | 사용연령 10세 이상

손병희

강석하 글 | 김광운 감수

파랑새

추천사
삶의 등대가 되어 주는 역사 인물

'도로시'라는 미국의 교육학자는 '아이들은 사는 것을 배운다'라는 유명한 시를 남겼습니다. 그 내용은 다음과 같습니다.

만일 아이가 나무람 속에서 자라면 비난을 배웁니다.
만일 아이가 적개심 속에서 자라면 싸우는 것을 배웁니다.
만일 아이가 비웃음 속에서 자라면 부끄러움을 배웁니다.
만일 아이가 수치심 속에서 자라면 죄의식을 배웁니다.
만일 아이가 관대함 속에서 자라면 신뢰를 배웁니다.
만일 아이가 격려 속에서 자라면 고마움을 배웁니다.
만일 아이가 공평함 속에서 자라면 정의를 배웁니다.
만일 아이가 인정 속에서 자라면 자기 자신을 좋아하는 것을 배웁니다.
만일 아이가 받아들임과 우정 속에서 자라면 세상에서 사랑을 배우게 됩니다.

이 아름다운 시처럼 우리들의 아이들은 끊임없이 세상에서 무엇인가 배우고 있습니다. 자라나는 아이들에게 사는 것을 배우게 하는 가장 좋은 방법은 무엇일까요? 그것은 아마도 우리나라가 낳은 조상들 중에서 훌륭한 업적을 이룩하신 역사적 인물들을 배우고 그 인물들을 통해서 그들의 애국심과 남다른 인격을 본받는 것입니다. 지금까지 어린 아이들을 대상으로 하는 위인전은 많이 있었지만 이번에 발간한 인물 이야기처럼 이제 막 인격이 성숙하기 시작하는 초등학교 고학년에서부터 사춘기에 이르는 중학생을 상대로 한 인물 역사책은 거의 없었던 것으로 알고 있습니다. 사실 이런 책들은 역사를 인식하고 역사적 인물을 이해할 수 있는 연령을 대상으로 하였을 때, 비로소 그 빛을 볼 수 있다고 생각합니다.

꼭 알아야 할 역사적 인물을 선정해서 발간하는 이 책은 우리 아이들에게 무한한 자부심과 희망과 꿈을 키워 줄 것입니다.

그리고 이 책은 역사학자들의 철저한 감수와 고증을 거쳐 역사적 사실이 흥미 위주로 과장되거나 주관적인 해석으로 왜곡되지 않고 정확하게 전달되도록 온 힘을 기울였습니다.

존경하는 인물을 한 사람 가슴에 품고 자라난 아이들은 가슴 속에 하나의 등대를 갖고 있는 항해사와 같습니다. 아이들의 먼 인생 항로에서 언제나 꺼지지 않는 등불이 되어 절망과 역경에 이르렀을 때도 그 앞길을 밝혀 주는 희망의 등불이 될 것입니다.

자라나는 아이들은 미래의 희망입니다. 그들에게 사는 것을 가르치기 위해서는 아이들이 살아갈 조국, 내 나라 내 땅을 위해 땀과 피와 목숨을 바친 훌륭한 역사적 인물들의 씨앗을 우리 아이들의 가슴 속에 뿌려 주는 일일 것입니다. 그 씨앗은 아이들 가슴 속에서 무럭무럭 자라나 마침내 아름다운 꽃과 무성한 열매를 맺게 될 것임을 저는 의심치 않습니다.

이어령 전 문화부 장관

지은이의 말

 어린이 여러분, 위인 전기를 많이 읽으라고 권하고 싶습니다.
 위인이란 보통 사람과는 다른 비범한 생애를 통해 많은 사람들의 삶과 정신, 역사의 발전에 큰 영향력을 끼치고 공헌을 한 사람들이지요.
 위인 전기를 읽는 까닭은 그분들이 품었던 큰 뜻과 그 뜻을 이루기 위해 바쳤던 노력을 앎으로써 삶을 살아가는 본보기로 삼자는 데 있겠지요.
 위인들의 삶을 들여다보면 금방 발견할 수 있는 공통점이 있습니다. 그분들에게 주어진 삶의 여건이나 상황은 아주 불리하고 시련으로 가득 차 있었다는 점입니다. 그러나 그분들은 낙담하거나 좌절하지 않고 꿋꿋한 의지로 잘못된 부분들을 고쳐 나갔습니다.
 의암 손병희.
 의암은 서자로 태어난 까닭에 미래에 대한 희망을 가질 수 없는 처지였습니다. 그래서 젊은 시절 한때 자포자기한 채 장터 거리의 건달로 떠돌았습니다.

　그러나 동학을 만나면서부터 그의 삶은 눈부시게 바뀝니다. 그는 그릇된 제도들을 바꾸고 위기에 빠진 나라를 구하는 일에 앞장섭니다.

　민족 종교 천도교의 지도자로서, 우리나라의 독립에 앞장선 혁명가로서, 선견지명을 가진 교육자로서 그의 업적은 참으로 빛나고 역사 위에 우뚝합니다.

　세상을 사는 태도나 방법에는 여러 가지가 있습니다.

　원하는 대로 되지 않는다고 짜증과 불만 속에서 세월을 보내거나, 남들이야 어떻게 되든 말든 내 편한 대로만 살겠다는 사람들도 많습니다.

　그러나 보다 가치 있는 삶은 내가 남들을 위해 무엇을 할 수 있을 것인지 생각하고 실천하는 삶이겠지요.

　그렇다면 의암 손병희의 삶에서 얻을 수 있는 교훈은 무엇일까요?

　이 책에서 그 해답을 얻을 수 있기를 바랍니다.

강석하

차례

추천사   4
지은이의 말   8

1. 치마폭에 해를 받아   12
2. 서자로 태어난 슬픔   20
3. 목숨보다 중요한 것은 없다   35
4. 양반이나 상놈이나 똑같은 사람   49
5. 사람이 사는 도리   63
6. 새로운 세상   76
7. 해월 스승의 가르침   86

8. 희망과 좌절의 동학 농민 운동　　　96
9. 비록 쫓기는 신세지만　　　109
10. 동양의 영웅 이상헌　　　120
11. 동학을 천도교로　　　132
12. 어둠 뒤에 어둠이 계속되고　　　144
13. 교육이 나라를 살리는 길　　　157
14. 독립의 횃불을 치켜들 때　　　167
15. 대한 독립 만세　　　179
16. 내게 병이 있다면 독립병　　　188

1. 치마폭에 해를 받아

나라가 참으로 어수선한 때였다. 부패한 벼슬아치들은 나라를 잘 다스리기보다 백성들의 재산을 한푼이라도 더 빼앗으려고 눈이 벌게져 있었다. 높고 낮은 벼슬아치들의 박해와 약탈에 시달리던 백성들은 마침내 나라 곳곳에서 반란을 일으키기도 했다.

게다가 과학 문명이 발달한 서양의 기선들이 자주 나타나서 통상을 요구해 왔다. 처음 보는 외국인의 괴이한 모습과 쇠로 만든 어마어마한 크기의 기선들은 백성들을 불안과 공포에 휩싸이게 했다.

이처럼 나라의 형편이 점점 어려워지고 있던 조선 말엽, 백성들은 고난과 시름에서 자신들을 구해 줄 새 인물이 나타나기를 간절히 바라고 있었다.

충청북도 청주군(현재의 청원군)에 사는 최 씨 부인은 어느 날 이상한 꿈을 꾸었다.

최 씨 부인은 같은 마을에 사는 아낙네들과 함께 달맞이를 하려고 마을 뒤에 있는 망월산으로 올라갔다.

모두들 마음속에 한 가지씩 소원을 품고 둥근 달이 떠오르기만을 기다리고 있었다. 그때였다. 갑자기 건너편 하늘 위로 눈부시게 타오르는 커다란 불덩어리가 치솟았다.

최 씨 부인이 큰 소리로 외쳤다.

"야, 해가 떴다!"

곁에 있던 아낙네들이 어리둥절한 얼굴로 수군거렸다.

"달맞이를 나왔는데, 해라니 그게 말이 돼?"

"그래, 밤에 해가 뜨는 일은 있을 수 없지."

"아주 밝기는 해도 저건 달이야."

그러나 최 씨 부인은 홀린 듯이 불덩어리에서 눈길을 떼지 않았다. 최 씨 부인의 가슴은 알 수 없는 기쁨으로 가득 차서 마구 두근거리고 있었다.

그런데 더욱 이상한 일이 일어났다. 하늘 높이 둥실둥실 떠오르던 불덩어리가 아낙네들이 서 있는 곳으로 천천히 다가오는 것이었다.

'저건 해야. 저걸 받아야 해.'

최 씨 부인은 서둘러 두 손으로 치마폭을 활짝 펼쳤다.

그러자 다른 아낙네들도 덩달아 최씨 부인의 흉내를 냈다.

이윽고 불덩어리가 망월산 꼭대기 위에까지 왔다. 불덩어리는 수많은 아낙네들의 머리 위를 지나 최 씨 부인의 치마폭으로 뚝 떨어졌다.

'내가 해를 잡았어. 내게 아주 좋은 일이 있을 거야.'

최 씨 부인은 해를 소중하게 감싸 안고 집으로 돌아가는 도중에, 그만 잠에서 깨어났다.

우리의 민족 종교 동학이 태어나던 1860년(철종 12년)의 일이었다.

손병희는 1861년 4월 8일, 충청북도 청원군 북이면 금암리에서 태어났다.

아버지 손의조는 청주 관아의 하급 관리(벼슬아치)였다. 어머니는 동학의 창시자 최제우와 같은 경주 최 씨였는데, 손의조의 둘째 부인이었다.

손병희가 태어나던 날 새벽, 손의조 역시 기이한 꿈을 꾸었다.

마당 한쪽에 있는 우물 속에서 갑자기 일곱 빛깔 영롱한 무지개가 솟아올랐다.

무지개는 곧장 안방으로 뻗쳐 나갔다. 그 방에는 곧 아기를 낳을 최 씨 부인이 누워 있었다.

손의조는 깜짝 놀라서 눈을 떴다. 가슴이 방망이질을 하듯 쿵쿵 뛰었다.

'아이가 태어날 꿈이구나. 그것도 보통 아이가 아니라 큰 인물이 될……'

바로 그때, 안방 쪽에서 갓난아기의 울음소리가 들려왔다.

손의조는 부리나케 안방으로 달려갔다. 그리고 방문을 다 열기도 전에 큰 소리로 물었다.

"무엇이오? 아들이오?"

최 씨 부인이 빙그레 미소를 지으며 대답했다.

"네, 아들이에요."

손의조는 연달아 고개를 끄덕였다.

"당연히 그럴 것이오."

이 말에 궁금해진 최 씨 부인이 물었다.

"어떻게 아들인지 아셨어요? 왜 그렇게 생각하신 거죠?"

"방금 전에 꿈을 꾸었거든."

"무슨 꿈을 꾸셨는데요?"

"아주 좋은 꿈이었소. 장차 큰 일을 할 인물이 태어날 거라는……."

손의조는 설레는 마음을 억지로 누르며 조금 전에 꾸었던 꿈 이야기를 들려주었다.

최 씨 부인은 잠시 생각에 잠겼다가 말했다.

"그러고 보니 저도 이상한 꿈을 꾼 적이 있어요. 작년 이 아이를 밸 무렵이었지요. 망월산에 달맞이를 갔는데, 달이 아니라 해가 떠올랐어요. 그 해를 제 치마폭으로 받아 안았지요."

오래전에 잊고 있었던 꿈 이야기를 털어놓는 최 씨 부인의 목소리가 잔뜩 들떠 있었다.

눈빛을 반짝이며 듣고 있던 손의조도 흥분된 목소리로 말했다.

"당신의 태몽이나 내가 꾼 꿈으로 미루어 볼 때, 틀림없이 이 아이는 보통 아이가 아닐 거요. 잘 키워서 나라를 위해 큰 일을 하게 합시다."

"물론 그래야겠지요."

최 씨 부인의 눈에 언뜻 물기가 어렸다.

"이 좋은 날, 왜 눈물을 보이는 거요?"

의아해하는 손의조를 외면하고 최 씨 부인은 오랫동안 대답이 없었다.

이윽고 최 씨 부인의 입에서 들릴 듯 말 듯 나직한 목소리가 새어 나왔다.

"이 아이의 처지를 생각하니까 저도 모르게 눈물이 나왔어요. 아무리 뛰어난 재주를 지니고 있더라도 결국은 서자(첩에게서 태어난 아들)인걸요. 오히려 그 재주를 써먹지 못하는 이 세상을 원망만 하면서 살게 될지도 모르잖아요?"

손의조의 눈길이 아래로 뚝 떨어졌다. 마치 화난 사람처럼 방바닥을 뚫어져라 바라보며 꼼짝도 하지 않았다.

한참 뒤, 길게 한숨을 토해 내며 손의조는 최 씨 부인의 어깨를 가만히 감싸 안았다.

"세상이 바뀔 날이 있을 것이오. 어쩌면 이 아이가 잘못된 세상, 몹쓸 제도를 바꾸는 데 앞장서는 인물이 될지도 모르잖소."

손의조는 새로 태어난 아들의 이름을 '규동'이라고 지었다.

규동은 손병희의 어릴 적 이름이었다.

2. 서자로 태어난 슬픔

　조선 시대는 양반과 상민, 천인의 신분 차별이 엄격한 계급 사회였다. 그리고 양반의 자식으로 태어나도 서자는 벼슬길에 오를 수가 없었다. 이렇듯 서자는 양반과 같은 대우를 전혀 받지 못했다.
　규동도 서자로 태어났다. 그래서 그는 일가친척은 물론 양반들한테 온갖 멸시와 굴욕을 받아야 했다.
　단지 서자란 이유 때문에 구박을 받을 때마다 손병희는 억울하고 분한 생각이 들었다.
　'똑같은 사람이면서 왜 양반과 상놈, 적자와 서자로 나뉘어 차별 대우를 받아야 하나? 이건 잘못된 일이야. 잘못된 일은 반드시 고쳐져야 해.'
　나이가 들면서 규동의 머릿속에는 이런 생각이 점점 뚜렷이 굳어졌다.

　규동이 아홉 살이 되었다.
　"규동아!"

 대청에서 아버지 손의조가 부르는 소리가 들렸다. 앞마당에서 제기를 차고 있던 규동은 못 들은 체 대답을 하지 않았다.
 "규동아!"
 손의조가 다시 한 번 불렀다. 그러나 이번에도 규동은 듣고도 못 들은 체 시치미를 떼었다.

대청에서 빤히 내려다보이는 곳에 있는 규동이 대답을 하지 않자, 손의조는 화가 치밀어 올랐다.

규동의 옆으로 다가온 손의조가 버럭 소리를 질렀다.

"이 녀석, 내 말이 들리지 않느냐?"

그제야 규동은 마지못해 대꾸했다.

"왜 그러세요?"

"뭐라고? 아비가 부르면 냉큼 대답하고 달려와야지, 그게 어디서 배운 버릇이냐?"

손의조는 무서운 눈으로 규동을 노려보았다.

"아버지를 아버지라고 할 수 없으니까 대답도 안 한 것이지요."

규동은 꼿꼿이 선 채 손의조의 화난 눈길을 피하지 않고 맞받았다. 화가 머리끝까지 난 손의조의 목소리가 부들부들 떨려 나왔다.

"어째서 나를 아버지라고 할 수 없다는 거냐?"

"그럼 제가 아버지의 아들이 맞습니까?"

"무슨 말이냐? 누가 너를 내 아들이 아니라고 하였느냐?"

"제가 아버지의 아들인 게 분명하다면 왜 제게 차별 대우를 하십니까? 왜 우리 집에는 적자와 서자의 구분이 있는 겁니까?"

그제야 규동의 마음이 뒤틀린 이유를 알아차린 손의조는 목소리를 낮추어 말했다.

"그 이유를 네가 정말 몰라서 묻는 거냐? 나라의 법이 그렇게 정해져 있으니 어쩔 수 없는 일 아니냐?"

"아무리 나라의 법이 그렇게 정해져 있다 해도 잘못된 것은 고쳐야지요. 남이야 무어라고 하든지 적어도 우리 집안에서는 차별이 없어야 할 것 아닙니까? 앞으로 저는 적자와 서자의 차별 대우가 없어지지 않는 한 아버지라고 부르지 않겠습니다."

손의조는 가슴이 아팠다. 규동의 처지에서는 당연히 따질 수 있는 일이기 때문이었다. 그러나 나라에서 정한 법도에 불만을 품고 비뚤어져 가는 규동을 그대로 내버려 둘 수는 없는 일이었다.

손의조는 회초리를 가져와서 규동의 종아리를 걷게 하였다.

"이 녀석, 이래도 아버지 소리를 하지 않겠느냐?"

손의조는 마음이 쓰렸지만, 사정없이 회초리를 내리쳤다. 가느다란 규동의 종아리에 금방 붉은 줄이 생기기 시작했다.

그래도 규동은 굳게 다문 입을 벌리지 않았다.

회초리가 세 대나 부러져 나갔다.

손의조는 식은땀을 흘리며 어서 규동이 용서를 빌어 오기만을 바랐다. 그러나 규동은 신음 소리조차 내지 않고 혹독한 매질을 참아 내고 있었다.

"그래, 끝내 아버지라고 하지 않을 테냐?"

"이미 결심한 일입니다. 잘못된 것이 고쳐지지 않는 한 제 결심은 바뀌지 않을 것입니다."

손의조는 붉은 피가 흘러내리는 규동의 종아리를 넋이 나간 듯 멍하니 바라보았다.

회초리가 손의조의 손에서 힘없이 떨어졌다.

그 날 이후로 규동은 손의조를 아버지라고 부르지 않았다. 그것은 손의조의 마음에 아물지 않는 생채기로 남았다.

뒷날, 손의조는 마지막 숨을 거두는 자리에서 규동을 머리맡에 불러 앉혀 놓고 이렇게 말했다.

"규동아, 그때 네 종아리를 때린 일이 몹시도 한이 되는구나. 이제 마지막으로 네가 아버지라고 부르는 소리를 듣고 싶다."

규동은 어깨를 들먹거리며 울음을 터뜨렸다. 아버지의 가슴에 커다란 한으로 남게 할 만큼 자신의 고집을 버리지 않았던 것이 후회스러웠다. 그러나 이 세상에는 결코 굽히지 말아야 할 잘못된 일이 아주 많고, 반드시 자신의 힘으로 그것들을 고쳐 나가겠다고 다짐했다.

손병희의 자(남자가 성인이 되었을 때 본이름 대신 불리는 이름)는 응구이다.

1875년 12월 24일, 응구는 이웃 북일면 정하리에 사는 현풍 곽 씨와 혼인하였다. 응구가 열다섯 살 되던 해였다.

이 혼인도 응구가 서자라는 이유 때문에 이루어지지 못할 뻔했다. 그러나 응구가 스스로 나서서 문제를 슬기롭게 해결해 내었다.

"정하리에 사는 곽 노인의 딸 말이야. 인물이 썩 괜찮지?"

"음, 정숙하고 살림 솜씨도 좋아서 며느리로 삼고 싶어하는 사람들이 많다더군."

그 해 봄부터 응구가 사는 마을까지 곽 노인의 딸에 관한 소문이 떠돌았다.

"그 색시 나이가 열여덟 살이라며?"

"혼인시키기엔 늦은 나이로군. 훌륭한 색시라면서 어쩌다가 아직 시집을 못 보냈지?"

"외동딸이거든. 그래서 곽 노인이 사윗감을 고르는 데 퍽 욕심을 부리는 모양이야."

"그 심정 이해가 가네. 애지중지 아끼는 딸인데, 웬만한 사윗감은 눈에 들지 않을 거야. 그나저나 어서 시집을 보내야지, 잘못하다간 처녀로 그냥 늙히고 말겠네."

"그래서 곽 노인이 요즘 사방팔방으로 사윗감을 찾아다닌다더군. 올해를 넘기진 않으려고 마음이 다급해졌나 봐."

마을 사람들이 수군거리는 말을 들을 때마다 응구의 가슴은 소리 없이 울렁거렸다.

응구도 그 색시를 본 적이 있었다. 몇 달 전, 볼일이 있어서 정하리에 들렀다가 우연히 그 색시와 맞닥뜨렸던 것이다.

황급히 몸을 비키며 고개를 돌려 수줍어하던 그 모습이 아직도 응구의 마음속에 고운 물감처럼 번져 있었다.

그 뒤부터 응구는 그 색시 이야기가 나올 때마다 귀를 곤두세우곤 했다.

논의 벼들이 누렇게 익어 가던 그 해 9월 20일의 일이었다.

응구는 자신의 집 대문을 들어서는 곽 노인을 보고 가슴이 철렁 내려앉는 듯했다.

평소 왕래가 없던 곽 노인이 갑자기 찾아온 이유는 틀림없이 혼인과 관련된 일일 거라고 직감했기 때문이었다.

응구는 두근거리는 가슴을 두 손으로 꾹 누른 채 사랑방으로 들어가는 곽 노인의 뒷모습을 지켜보았다.

한참 뒤, 사랑방에서 응구를 찾는 소리가 났다.

응구는 조심스레 사랑방으로 들어갔다.

아버지 손의조가 곽 노인 쪽을 가리키며 말했다.

"응구야, 저분께 인사를 올려라. 북일면에 사시는 어른인데, 마침 우리 집에 볼일이 있어서 들르셨구나."

응구는 아버지가 시키는 대로 공손히 큰절을 했다. 그런 다음 한쪽 구석에 다소곳이 서서 아버지의 다음 지시를 기다렸다.

곽 노인의 눈길이 잠시도 응구의 몸에서 떨어지지 않고 있었다.

손의조가 곽 노인을 흘끗 쳐다보고 나서 말했다.

"자 됐다, 응구 넌 나가서 네 일을 보아라."

그러나 밖으로 나온 응구는 사랑방 부근을 떠나지 않았다.

'곧 내 얘기가 나오겠지. 어른들의 말씀을 엿듣는 것은 옳지 않은 일이지만, 내겐 너무나 중대한 일이니 어쩔 수 없지.'

잠시 후, 약간 쉰 듯한 곽 노인의 목소리가 방문 밖으로 새어 나왔다.

"듣던 대로 대장부구려. 기골이 장대하고, 뚝심도 상당할 듯하니 사윗감으로 나무랄 데가 없소그려."

"좋게 보아 주셨다니 고마운 일입니다. 그럼 혼담이 이루어진 걸로 할까요?"

손의조가 물었으나, 곽 노인의 대답은 금방 입 밖으로 나오지 않았다.

곽 노인은 한참 뜸을 들인 뒤에야 목소리를 한껏 낮추어 말했다.

"다른 것은 다 좋은데, 한 가지 마음에 걸리는 것이 있어서……."

거기까지만 듣고 응구는 대문 밖으로 나갔다.

곽 노인이 목소리를 낮추어서 잘 들을 수도 없었지만, 듣지 않고도 무슨 말을 할 것인지 짐작할 수 있었기 때문이었다.

응구의 가슴에 노여움의 불길이 활활 피어올랐다.

'내가 서자이기 때문에, 딸을 내줄 수 없다는 것이겠지.'

응구는 주먹을 불끈 쥐었다.

'그렇잖아도 서자라는 이유로 온갖 설움을 받아 왔는데, 오늘 또 피눈물을 흘려야 하는구나. 그러나 이번만은 물러설 수 없어. 내 인생을 좌우할 혼인 문제인데, 운명이라고 체념하며 한탄만 하고 있을 수야 없지.'

응구는 정하리로 통하는 길을 성큼성큼 걸어가서는 커다란 나무 아래에 몸을 기대고 섰다.

얼마 후, 길 저편에서 무언가 곰곰이 생각에 잠긴 얼굴로 걸어오는 곽 노인의 모습이 보였다.

"영감님! 영감님!"

응구가 부르는 소리에 고개를 쳐든 곽 노인의 얼굴에는 놀란 빛이 가득했다.

응구는 곽 노인 앞으로 다가가서 목례를 한 뒤, 다짜고짜 물었다.

"오늘 영감님께서 우리 집에 오신 것은 제 선을 보기 위해서임을 알고 있습니다. 그런데 영감님의 표정을 보아하니 혼담이 이루어지지 않은 것 같은데, 제가 마음에 들지 않습니까?"

"아닐세. 그게 아니라……."

손사래를 치던 곽 노인은 말을 잇지 못하고 머뭇거렸다.

"그게 아니라면, 제가 서자여서 꺼리신 거지요. 그렇지요?"

응구의 다그침에 곽 노인은 아주 난처한 표정을 지었다.

"음, 난 그저……. 정말 미안하게 됐네."

"영감님께서는 서자를 차별 대우 하는 이 나라의 제도가 올바르다고 여기십니까?"

"난들 그게 잘못되었다고 생각하지 않을 리 있나? 하지만 남들이 모두 따르고 있는데, 구태여 나만 따르지 않을 이유가 없지."

"방금 영감님께서는 서자를 차별하는 제도가 잘못되었다고 분명히 말씀하셨습니다. 제가 〈논어〉를 읽어 보았더니 '잘못이 있는데 고치지 않으면 그 또한 잘못이다.' 라고 씌어 있었습니다. 영감님께서는 왜 잘못된 것인 줄 뻔히 알면서도 고칠 생각을 안하십니까?"

"글쎄, 잘못된 것은 마땅히 고치는 것이 옳은 일이겠지. 그러나 내가 앞에 나서서 고치기에는…….”

곽 노인은 우물쭈물 말꼬리를 흐렸다.

응구는 곽 노인의 마음이 자신에게로 많이 기울었다는 사실을 눈치 챘다. 사실 곽 노인은 응구의 호방한 태도와 조리 있는 말솜씨에 내심으로 감탄하고 있었다.

응구는 한 발짝 더 곽 노인 앞으로 다가서며 손을 내밀었다.

"영감님, 잘못된 것을 고칠 용기가 없으시면 처음부터 선을 보지 마셨어야지요. 선까지 보고 나서 그냥 가면 제 체면이 뭐가 됩니까? 혼인을 허락할 수 없다면 선본 값이라도 내놓고 가십시오."

곽 노인이 재미있다는 듯이 빙그레 웃었다.

"이거 참, 마침 가진 돈이 없는데 어쩌지? 할 수 없네. 내 딸을 자네한테 줄 수밖에…….”

곽 노인의 너털웃음 소리가 멀리까지 퍼져 나갔다.

곽 노인의 허락이 떨어지자마자 응구는 땅에 무릎을 꿇고 자신이 무례하게 군 것을 사과하였다. 이렇게 하여 응구는 곽 노인의 딸과 혼례를 치를 수 있었다.

서자에게는 조상의 묘에 참배를 하는 것도 허락되지 않았다.

응구가 장가를 든 이듬해 9월, 손 씨 문중의 모든 남자들이 망월산에 있는 조상들 묘소에 성묘를 하기 위해 모였다.

응구도 혼인한 뒤 처음으로 어른의 자격으로 제사에 참여하기 위해 일가친척들 사이에 섞여 서 있었다.

항렬에 따라 한 사람씩 분묘 앞에 나아가 술을 바치고 두 번 절을 하였다.

자신의 차례가 되어 응구가 막 앞으로 나서려고 할 때였다. 문중의 한 어른이 응구를 와락 밀쳐 내며 고함을 질렀다.

"안 된다! 서출이 어찌 감히 조상의 영전에 참배를 한단 말이냐? 썩 물러나서 저만치 떨어져 서 있어라."

그 자리에는 일가친척들뿐만 아니라 동네 사람들도 구경하려고 몰려와 있었다. 많은 사람들이 보는 앞에서 망신을 당한 응구는 모욕감을 이기지 못해 부르르 몸을 떨었다.

응구는 식식거리며 산 아래로 내려갔다.

'이건 너무해. 조상님들이 계셨기에 내가 있는 것 아닌가? 서자의 피는 조상님들의 피와 다르기라도 하단 말인가?'

집으로 돌아온 응구는 갓과 두루마기를 벗어 마당에 내팽개쳤다. 그런 다음 삽과 곡괭이를 들고 다시 산으로 올라갔다. 제사는 거의 끝나 가고 있는 참이었다.

응구는 아무 말도 하지 않고 삽으로 무덤 한쪽을 파헤치기 시작하였다.

"아니, 저, 저, 저……."

너무도 갑작스러운 일이라, 사람들은 잠시 동안 말릴 엄두도 내지 못한 채 비명 같은 괴상한 소리들만 내지르고 있었다.

이윽고 정신을 차린 문중의 한 어른이 고래고래 고함을 질렀다.

"왜들 저 미친놈을 보고만 있느냐? 어서 저놈의 손에서 삽과 곡괭이를 뺏어라!"

몇몇 젊은이들이 웅구의 곁으로 몰려왔다.

그제야 웅구는 손길을 멈추고 주위 사람들을 노려보았다. 그런 다음 잠시 숨을 고르고는 정색하며 말했다.

"내가 아무리 서자라고 해도, 나 역시 엄연히 손 씨 가문의 피를 받아 태어난 몸입니다. 지금 여러분이 여기에서 제사를 지내지 못하

게 하니, 부득이 조상님의 뼈 일부분이라도 나누어 가서 따로 산소를 만들고 제사를 지내겠습니다."

말을 마친 응구는 다시 삽으로 무덤을 파 나가기 시작했다.

아무도 응구를 말리려고 나서지 못했다. 워낙 서슬이 시퍼런 탓도 있었지만, 응구의 말에 반박할 여지가 없기 때문이었다.

문중 어른들은 잠깐 회의를 하고 나서 응구가 제사에 참여하는 것을 허락했다.

비록 제사에 참여할 수 있게 되기는 했지만, 응구의 마음은 별로 즐겁지 못했다.

3. 목숨보다 중요한 건은 없다

눈이 쌓인 고갯길은 미끄러웠다.

살을 에는 듯한 차가운 바람이 계속 불어왔지만, 힘겹게 고갯길을 오르는 소년의 입에서는 허연 입김이 뿜어져 나왔다.

소년은 해가 바뀌면 열세 살이 되는 규동이었다. 규동은 이복 형님 손병권의 심부름을 가고 있는 중이었다.

손병권은 그 지방의 풍헌(지금의 면장쯤 되는 벼슬자리)으로 있었다. 그 날 공금 40냥을 관아에 보내야 하는데, 바쁜 일이 있어서 동생에게 심부름을 시킨 것이었다.

어린 규동에게는 어려운 일이었다. 험한 고개를 넘고 먼 길을 가기에는 너무나 추운 날씨였다.

그러나 규동의 마음은 즐겁기만 했다.

'40냥이라면 아주 많은 돈이야. 이처럼 큰돈을 선뜻 내게 맡기고 심부름을 시킨 것은 그만큼 나를 믿고 있다는 뜻이겠지.'

자기를 믿어 주는 형님이 고맙기만 한 규동은, 형님의 기대를 저버리지 않으려고 잠시도 쉬지 않고 부지런히 길을 재촉했다.

규동이 막 고갯마루에 올라섰을 때였다. 어디선가 이상한 소리가 들려왔다. 규동은 우뚝 걸음을 멈추었다.

그 소리는 아주 가늘어서 주의를 기울이지 않으면 잘 들을 수 없었다. 그러나 상처를 입은 짐승의 신음 같은 소리가 바람에 실려 끊어질 듯 끊어질 듯 이어지고 있었다.

'이걸 어쩌지? 관아의 문이 닫히기 전에 도착해야 하는데…….'
규동은 잠시 망설였다.

'안 돼. 아무리 하찮은 짐승이라도 그것 또한 소중한 생명인데, 모른 체하고 그냥 지나갈 수는 없어.'
마음을 정한 규동은 소리 나는 쪽으로 급히 달려갔다.

숲 속에 허연 물체가 쓰러져 있는 것이 보였다. 흰 두루마기 차림의 노인이 정신을 잃은 채 쓰러져 신음 소리를 내고 있었다.

"영감님, 눈 좀 떠 보세요."

규동이 조심스럽게 노인의 몸을 흔들어 보았으나, 노인은 여전히 정신을 차리지 못했다.

노인의 몸에는 약간 온기가 남아 있었지만, 밖으로 드러난 손과 얼굴은 얼음처럼 차가웠다.

"큰일 났네. 이대로 두면 곧 얼어 죽고 말 텐데……."

당황한 규동이 주위를 둘러보았지만, 혹독하게 추운 날씨 속에 고개를 넘는 사람이 쉽게 눈에 띌 리 없었다.

'참, 고개 아래에 주막집이 있지. 거기까지라면 내가 업고 갈 수 있

을지도 몰라.'

규동은 어릴 때부터 유달리 몸이 크고 힘이 셌다. 서너 살 위의 아이들과 씨름을 해도 질 때보다 이길 때가 많았다.

그러나 열두 살의 어린 나이에 어른을 업는다는 것이 쉬운 일은 아니었다. 힘겹게 노인을 업은 규동의 두 다리가 후들후들 떨렸다.

'이래서야 주막집까지는커녕 반도 못 가겠는걸.'

갑자기 자신이 없어진 규동은 어찌할 바를 몰라서 우물쭈물했다.

그러나 규동은 잘 알고 있었다. 노인이 지금 커다란 위험에 빠져 있고, 빨리 따뜻한 곳으로 옮기지 않으면 목숨을 잃게 된다는 것을.

"그래, 한번 해 보자. 어떻게든 이분을 살려야 해."

규동은 노인을 등에 업고 숲에서 빠져나왔다.

어디에서 그런 힘이 나오는지 조금도 노인이 무겁게 느껴지지 않았다. 게다가 가는 길이 내리막길이라는 점도 다행이었다.

규동은 한 번도 쉬지 않은 채 주막집에 닿을 수 있었다.

문을 와락 열어젖히며 들어서는 규동을 보고 주막집 주인의 눈이 휘둥그레졌다.

"너는 금암리에 사는 규동이 아니냐? 그런데 등에 업힌 노인은 누구냐?"

"잠깐만요! 우선 이분을 방으로 모셔야겠어요."

규동은 주인의 도움을 받아서 노인을 방에다 뉘었다.

규동의 이마에서 굵은 땀방울이 뚝뚝 떨어져 내렸다. 규동은 소매로 이마의 땀을 대충 닦아 내고는 주인에게 말했다.

"고갯마루 부근의 숲 속에 쓰러져 계셨어요. 눈보라 속에서 길을 잃고 헤매다가 쓰러지셨나 봐요."

노인이 고통스러운 신음 소리를 냈다.

규동은 노인의 이마에 손바닥을 대어 보았다.

조금 전까지 얼음처럼 차가웠던 이마가 지금은 손바닥을 델 정도로 펄펄 끓고 있었다.

규동은 주인 쪽으로 고개를 돌리고 재빨리 말했다.

"그냥 보고만 계시면 어떡해요? 어서 가서 의원을 모셔 오세요."

그래도 주인은 규동의 눈길을 외면하며 우물쭈물 서 있었다.

"뭘 하세요? 의원을 모셔 오라고 했잖아요!"

규동의 독촉에 주인이 망설이다가 힘겹게 입을 열었다.

"의원을 부르려면 돈이 있어야 하잖니?"

"돈이요?"

규동은 잠시 생각에 잠겼다. 비로소 지금 형님의 심부름을 하고 있던 중이라는 사실이 머리에 떠올랐다.

규동은 곧 허리에 차고 있던 돈꿰미를 끌렀다.

"의원을 모셔 오고, 이분이 다 나을 때까지 아저씨가 보살펴 주세요. 그 비용으로 30냥이면 충분하겠지요?"

"물론 충분하지. 그런데 어린 녀석이 어떻게 그런 큰돈을 갖고 있느냐?"

주인은 좀처럼 떡 벌어진 입을 다물 줄 몰랐다.

"형님 심부름으로 청주 관아에 갖다 줄 돈이에요."

"아니, 관아에 갖다 줄 돈을 함부로 쓰면 어떡하느냐? 크게 꾸중을 들을 거야. 호된 매를 맞게 될지도 모르고……."

"그거야 나중에 걱정할 문제죠. 우선 사람 목숨부터 살려 놓고 봐야죠. 목숨보다 소중한 것은 없으니까요."

규동은 태연하게 말하고 자리에서 일어났다.

"아저씨, 아직 10냥이 남아 있으니까 이 돈이라도 관아에 갖다 내야겠어요. 그러니 아저씨가 이 영감님을 잘 보살펴 주세요."

말을 마친 규동은 다시 길을 떠났다.

주막집 주인이 규동의 뒷모습을 물끄러미 바라보며 중얼거렸다.

"목숨보다 소중한 것은 없다고? 정말 생각이 대단한 녀석이로구나. 생판 모르는 사람을 위해 30냥이나 되는 돈을 선뜻 내놓다니……. 맞아, 아무나 할 수 있는 일이 아니지. 저놈은 반드시 후에 큰 인물이 될 거야."

그날 규동은 밤이 아주 깊어서야 집으로 돌아왔다. 초조하게 기다리고 있던 형님이 급히 규동을 방으로 불러들였다.

"그래, 갔던 일은 잘되었느냐?"

"저, 그게……."

규동은 한 번 깊이 숨을 들이쉬고 나서 낮에 있었던 일을 사실대로 말했다.

다 듣고 난 형님은 얼굴이 하얘진 채 고함을 질러 댔다.

"뭐라고? 아무리 소견이 부족한 어린아이라도 그렇지, 그 돈이 어떤 돈인데 네 마음대로 쓴단 말이냐?"

머리 위로 벼락이 떨어지는 듯한 큰 소리였다.

규동은 어깨를 움찔하며 작은 소리로 말했다.

"죄송합니다, 형님. 하지만 눈 속에 쓰러져 있는 노인을 차마 못 본 체하고 그냥 지나갈 수가 없었습니다."

"그래도 그렇지, 그 돈은 공금이란 말이다. 그 돈을 변상하려면 우리 식구들이 얼마나 고생해야 하는지 알아?"

"형님의 허락을 받지 않고 함부로 돈을 쓴 것은 큰 잘못입니다. 형님이 어떤 벌을 내리시더라도 달게 받겠습니다."

"가서 회초리를 가져오너라."

회초리를 형님에게 바친 규동은 바지를 걷어 올렸다.

형님이 매섭게 내려치는 회초리로 종아리를 맞으면서도, 규동은 아프다는 말도 한마디 하지 않고 굳세게 참았다. 형님에게는 죄송하지만, 낮에 자신이 한 일은 정말 잘한 일이라고 생각하기 때문이었다.

규동은 한마을에 사는 복동과 친하게 지냈다.

어느 날, 복동의 집에 놀러 간 규동은 울고 있는 복동을 보고 깜짝 놀랐다. 복동은 마루에 엎드린 채 엉엉 소리 내어 울고 있었다.

"복동아, 왜 그러니?"

규동이 어깨를 흔들어도 복동은 고개도 들지 않고 서럽게 울기만 했다.

규동도 왠지 가슴이 쓰려서 떨리는 목소리로 말했다.

"복동아, 울음을 그치고 무슨 일인지 내게 얘기해 봐. 우린 친구잖니? 내가 도울 수 있는 일이라면 도와줄게."

그제야 복동은 울음을 멈추고 눈물이 그렁그렁한 눈으로 규동을 쳐다보았다.

복동네 집은 매우 가난했다. 그런데 집안에 갑자기 급한 일이 생기는 바람에 복동의 아버지가 관아에서 돈을 빌려 썼다.

돈을 갚기로 한 날이 되었지만, 복동의 아버지는 그 돈을 마련할 길이 없었다. 그래서 결국 감옥에 갇히고 말았다.

"어제 관아에서 통보가 왔어. 사흘 안으로 돈을 갚지 않으면, 우리 아버지를 극형으로 다스린다는 거야. 어머니가 돈을 구하러 나가셨지만, 어디에서 그 많은 돈을 변통할 수 있겠어?"

말을 마친 복동은 다시 울음을 터뜨렸다.

"너희 아버지께서 옥에 갇히셨다는 것은 나도 들어서 잘 알고 있어. 그렇지만 관아에서 그런 결정을 내린 것은 몰랐구나."

"규동아, 이 일을 어떡하면 좋겠니?"

"운다고 해결될 일은 아니잖아? 그러니 울음부터 그쳐."

규동은 골똘히 생각에 잠겼다.

'친구 아버지를 이대로 돌아가시게 할 수는 없지. 무슨 좋은 방법이 없을까?'

갑자기 규동이 자기의 무릎을 탁 때리며 소리쳤다.

"좋은 생각이 떠올랐어! 복동아, 넌 내가 시키는 대로 하기만 해. 그러면 아버지를 살려 낼 수 있어."

"뭐라고? 아버지를 살려 낼 방법이 있다고? 정말이야?"

복동은 못 믿겠다는 표정을 지었지만, 어떤 기대감이 눈빛 속에서 반짝였다.

"내 말이 믿어지지 않니? 귀를 이리 대어 봐. 남들이 들으면 안 되니까."

규동이 복동에게 귀엣말로 속삭였다.

규동의 이야기를 듣고 있던 복동의 눈이 점점 커다래졌다.

"뭐라고? 나더러 너희 집 돈을 훔치란 말이니?"

"쉿, 조용히 해!"

"말도 안 되는 소리야. 어찌 친구네 돈을 훔칠 수 있겠어? 난 그렇게 할 수 없어."

"네 아버지의 목숨이 달린 일이야. 게다가 훔치는 게 아니라 잠시 빌려 쓴다고 생각하면 돼. 나중에 돈이 생기면 갚도록 해, 알았지?"

그래도 복동은 규동의 제의를 받아들이려고 하지 않았다. 규동이 한참 동안이나 애쓴 끝에 겨우 복동을 설득할 수 있었다.

그 날 밤, 복동이 규동의 집으로 몰래 숨어들었다.

복동은 규동의 아버지가 주무시는 사랑방으로 살금살금 기어갔다. 사랑방 뒤꼍에 숨어 있던 규동이 복동을 맞았다.

"우리 아버지께서는 깊이 잠드시면 누가 방에 들어와도 모르셔. 달게 주무시고 계신 걸 확인했으니까 얼른 들어가."

규동이 재촉했지만 복동은 계속 머뭇거렸다.

"정말 이래도 되는 건지 모르겠어."

"무슨 말이야? 네 아버지의 목숨이 달린 일이라니까."

규동이 복동의 귀를 잡아끌어 속삭였다.

"돈은 문갑 속에 들어 있어. 문갑 자물쇠는 내가 열어 놓았으니까 살짝 꺼내 오기만 하면 돼. 문갑은 아버지의 머리맡에 놓여 있어."

규동은 조심스럽게 주위를 살핀 뒤, 복동의 등을 떠밀었다.

잠시 후, 복동이 돈꿰미를 들고 나왔다.

규동이 복동의 손을 꼭 쥐며 말했다.

"잘했어. 내일 아침 날이 새자마자 관아로 달려가서 아버지를 모셔 와. 뒷일은 나한테 맡기고, 넌 조금도 걱정하지 마."

복동은 묵묵히 고개만 끄덕였다.

이튿날, 규동의 집에서는 한바탕 소동이 벌어졌다. 아버지의 명령에 따라 집안 식구들 모두가 사랑방에 모였다.

아버지가 무서운 눈길로 식구들을 둘러보며 소리쳤다.

"문갑에 넣어 둔 돈이 지난밤 사이에 감쪽같이 없어졌다. 이게 어떻게 된 일이냐?"

영문을 모르는 식구들은 어리둥절한 얼굴로 멀뚱멀뚱 앉아 있었다.

그때, 규동이 아버지 앞으로 나아가서 조용히 말했다.

"그 돈이 어떻게 되었는지는 제가 잘 알고 있습니다. 제가 복동에게 그 돈을 훔치라고 하였으니까요."

아버지뿐만 아니라 온 식구들의 놀란 눈길이 규동에게 화살처럼 날아와 꽂혔다.

"그 돈이 없으면 복동 아버지는 목숨을 잃게 됩니다. 그래서 제가……."

규동은 어젯밤 있었던 일을 사실대로 털어놓았다.

"저는 돈보다는 사람의 목숨이 더 중요하다고 생각했습니다. 아버지께 말씀드려야 했지만, 혹시라도 아버지께서 돈을 주시지 않으면 복동이의 아버지를 살릴 길이 없었으니까요. 용서해 주십시오."

아버지는 눈을 지그시 감고 깊은 생각에 빠졌다.

잠시 후, 눈을 뜬 아버지의 표정은 한결 부드러웠다.

목소리도 누그러져 있었다.

"네 말이 옳다. 아무렴, 사람의 목숨은 그 무엇보다 중요하지."

아버지는 몇 번이고 머리를 끄덕였다. 그러다가 문득 생각이 났다는 듯이 규동에게 물었다.

"그런데 네가 돈을 꺼내어 직접 복동에게 주지, 어찌하여 번거롭게 복동에게 돈을 꺼내 가도록 하였느냐?"

"그건 마땅히 복동이 해야 할 일이었으니까요. 복동에게 아버지에 대한 자식으로서의 도리를 다했다는 만족감을 스스로 느끼게 해 주고 싶었습니다."

아버지는 손을 내저어 식구들을 모두 방에서 나가게 한 다음 탄식하듯 중얼거렸다.

"겨우 열두 살밖에 안 된 녀석이 그토록 깊은 생각을 할 줄이야. 서자만 아니라면 정승 판서가 되는 것도 문제없을 텐데……. 아까워, 정말 아까워."

4. 양반이나 상놈이나 똑같은 사람

1877년, 손병희는 열일곱 살의 늠름한 청년으로 자라 있었다.

손병희는 청주를 중심으로 하여 장이 열리는 이웃 고을들을 떠돌아다녔다.

손병희가 늘 함께 어울려 다니는 사람들은 장터의 건달들이었다. 술이 잔뜩 취해 노름판에 어울려 있는 손병희의 모습은 어디에서나 쉽게 눈에 띄었다.

시비가 일어나고 싸움판이 벌어진 곳에는 어김없이 손병희가 있었다. 그 중의 대부분은 손병희가 주동이 되어 일으킨 것이었다.

사람들은 손병희가 지나간 뒤에서 수군거렸다.

"쯧쯧, 어쩌다가 저 사람이 빈둥빈둥 세월만 흘려 보내고 있지? 저처럼 잘난 인물이 말이야. 정말 아깝네그려."

"저걸 이해 못 할 것도 없지. 서자로 태어나서 앞길이 꽉 막혔으니 본인 마음인들 오죽 괴로울까?"

"저렇게 날건달로 지내지만, 그를 욕하는 사람은 아무도 없어. 경우에 어긋난 짓은 절대로 하는 법이 없으니까."

사실이 그랬다. 손병희는 젊은 시절의 대부분을 읍내 건달들의 대장 노릇을 하며 지냈다.

물론 손병희도 어릴 때 또래의 다른 아이들처럼 서당에서 한문을 배웠다. 그러나 그는 얼마 지나지 않아서 한문 공부를 집어치우고 말았다.

'아무리 열심히 공부를 한들 무슨 소용이 있담. 서자로 태어난 이상, 열심히 노력해 보았자 아무 데도 써먹을 수가 없지 않은가?'

손병희의 가슴속에는 늘 세상에 대한 불만과 노여움의 불길이 이글이글 타고 있었다.

손병희에게는 자신의 억눌린 감정을 발산시킬 상대가 필요했다. 그래서 조금이라도 못마땅한 일이 눈에 띄면 지체 없이 욕을 하고 주먹을 휘둘러 댔다.

그렇다고 해서 아무에게나 그러는 것은 아니었다.

손병희가 불같은 노여움을 터뜨리는 상대는, 자기가 지닌 힘만 믿고 함부로 약한 자를 괴롭히거나 억누르려고 하는 사람이었다. 특히 양반이랍시고 거들먹거리며 위세를 부리는 자들은 절대로 용서하지 않았다.

그래서 청주의 양반들은 손병희만 눈에 띄면 슬금슬금 몸을 피했다. 손병희의 힘이 세기 때문이기도 하지만, 손병희 앞에서는 어떤 권세나 협박도 통하지 않는다는 사실을 잘 알고 있기 때문이었다.

무엇보다 양반들은 손병희의 눈빛을 두려워했다. 횃불을 켠 듯이 번쩍이는 손병희의 눈빛과 마주치면, 양반들은 겁먹은 개처럼 지레 꼬리를 말아 내리고 달아나기 바빴다.

그 해 봄날, 손병희는 충청도 괴산의 한 마을을 지나가고 있었다.
"따그닥, 따그닥……."
갑자기 등 뒤에서 요란한 말발굽 소리가 들려왔다.
손병희가 뒤돌아보았다.
수신사 차림을 한 사람이 말을 타고 달려오고 있었다.
수신사란 원래 통신사라 하여 우리 나라와 일본을 왕래하는 사신을 말하는데, 조선 말기에 들어와 수신사로 명칭이 바뀌었다. 꽤나 높은 직위의 벼슬아치들만 수신사가 될 수 있었다.
"갈 길이 바쁘다. 이놈, 어서 길을 비켜라!"
수신사의 호통 소리에 손병희는 어쩔 수 없이 길 한쪽으로 비켜 섰다.
"아니, 저럴 수가 있나!"
수신사의 지나가는 모습을 바라보던 손병희의 눈이 화등잔만하게 커졌다. 그도 그럴 것이 수신사가 탄 말의 꼬리에 머리채가 묶인 사람이 질질 끌려가고 있었던 것이었다. 그 사람은 옷이 갈기갈기 찢어졌고, 온몸은 피투성이가 되어 있었다.
'같은 인간으로서 어찌 저런 참혹한 짓을 할 수 있나?'
손병희는 두 주먹을 불끈 쥐고 수신사의 뒤를 쫓아갔다.

마침 가까운 곳에 주막이 있었는데, 수신사가 탔던 말이 그 주막 앞 말뚝에 매어져 있었다. 사람들이 말과 피투성이가 된 사람을 에워싼 채 웅성웅성 떠들고 있었다.

수신사는 주막 안에 들어갔는지 보이지 않았다.

"비키시오! 무슨 좋은 구경거리가 생긴 줄 아시오?"

손병희는 사람들을 헤치고 들어갔다. 그러고는 주막 벽에 걸려 있는 낫을 뽑아 들고는 말꼬리를 싹둑 잘라 버렸다.

신음 소리를 내며 쓰러져 있던 사람이 부스스 몸을 일으키며 소리쳤다.

"여보시오! 당신이 누군데 함부로 수신사님의 말에 손을 대는 것이오? 이제 수신사님이 나오시면 영락없이 나는 죽게 되었소."

손병희는 와락 고함을 질렀다.

"이런 바보 같은 놈이 있나! 네 다친 몸은 생각지 않고 말꼬리 걱정부터 하느냐? 그래, 말꼬리가 사람 목숨보다 중요하단 말이냐?"

손병희는 주막 쪽으로 고개를 돌리고 큰 소리로 외쳤다.

"수신사 놈은 어디 있느냐? 이 인간 같지 않은 놈, 어서 썩 나오지 못할까!"

주막 안에서 술을 마시고 있던 수신사가 무슨 일인가 하여 어슬렁어슬렁 밖으로 걸어 나왔다.

손병희는 수신사에게 삿대질을 하며 더욱 큰 소리로 호통을 쳤다.

"이놈, 높은 벼슬아치 눈에는 상놈들이 사람으로 보이지 않느냐? 사

람을 저 지경으로 만들어 놓고도 술이 목구멍으로 넘어가? 너도 맛 좀 봐라!"

손병희는 나는 듯이 달려들어 머리로 수신사의 가슴을 꽉 받았다.

"어이쿠!"

뒤로 나동그라졌던 수신사가 신음 소리를 내며 겨우 몸을 일으켰

다. 살기등등한 손병희의 눈이 자기를 노려보고 있었다.

수신사는 덜덜 몸을 떨었다. 생각 같아서는 화적같이 구는 상대를 꽁꽁 묶어 감옥에 처넣고 싶지만, 지금 그의 곁에는 부하들이 한 명도 없었다.

슬금슬금 손병희의 눈치만 살피던 수신사는 재빨리 말에 올라타서 꽁지가 빠져라 달아나고 말았다.

그제야 손병희는 피투성이가 된 사람을 일으켜 세웠다.

"무슨 일로 그토록 가혹한 일을 당했는지 까닭이나 들어 봅시다. 역적질이라도 했소?"

"누구신지 몰라도 정말 고맙습니다. 앞으로 어떻게 될지 모르는 일이지만, 당장은 말꼬리에 매달려 죽을 위험은 면했으니까요. 이 은혜 죽어도 잊지 않겠습니다."

"대관절 무슨 죄를 지었기에 그런 변을 당한단 말이오?"

"죄는 무슨 죄입니까? 죄가 있다면, 천한 신분으로 태어나서 말단 관리로 겨우 밥을 먹고 산다는 죄뿐이지요."

"벼슬아치들이 백성들이나 말단 관리들에게 행패를 부리는 것이 어제오늘의 일은 아니지요. 그래도 무슨 구실이 있었을 게 아니오?"

"생트집이지요. 수신사께서 이웃 고을로 떠나야 하는데, 거행 준비가 늦었다고 그런 벌을 내립디다."

손병희는 쯧쯧 혀를 차며 짐짓 모른 체하고 물었다.

"윗사람이 시키면 시키는 대로 할 것이지, 왜 노여움을 사셨소?"

"거행 준비라는 것이 여행 경비를 넉넉히 내놓으라는 소린데, 나 같은 놈에게 어찌 수신사가 바라는 만큼의 돈이 있겠소? 돈을 못 내놓았더니 수신사는 양반의 행차에 체면을 손상시켰다며 분풀이로 이렇게 한 것이라오."

손병희는 머리를 절레절레 저었다.

'썩은 벼슬아치들이 많다는 말은 들었지만, 그들의 행패가 이 정도인 줄은 몰랐구나. 어떡해야 이 불쌍한 백성들을 구할 수 있을까?'

손병희는 주막집 주인을 불러 이 사람을 방 안으로 옮기게 했다.

한번은 이런 일도 있었다.

손병희는 초정리 약수터에 물을 마시러 갔다.

충청도 청원군 북일면 초정리에서 나는 약수는 지금도 세계 3대 광천수로 꼽힐 만큼 약효가 뛰어나기로 유명하다. 세종 대왕이 60여 일 동안 이곳에서 머물며 눈병을 고쳤고, 세조도 이곳의 약수로 심한 피부병을 고쳤다는 기록이 남아 있을 정도이다.

그토록 이름난 곳이다 보니, 손병희가 그곳을 찾은 날에도 많은 사람들이 모여들어 있었다.

그런데 큰 갓을 쓴 몇몇 사람들만 약수터에 돗자리를 깔고 앉아 한가롭게 노닥거리고, 나머지 사람들은 멀찍이 떨어져 그들을 멀뚱멀뚱 쳐다보고만 있었다.

손병희는 영문을 몰라 구경꾼들 중의 한 사람에게 물었다.

"여기 굿을 보러 온 것도 아닐 텐데, 왜들 이렇게 멍청히 서 있는 거요?"

"목소리를 낮추시오. 저 사람들이 누군 줄 알고……."

"대관절 어떤 사람들이기에 그토록 무서워하는 거요?"

"쟁쟁한 양반들이지. 저 가운데에는 영월 군수, 숙천 군수를 지낸 사람도 있다오. 괜히 노여움을 사서 혼쭐나지 말고 잠자코 계시오. 조금만 더 기다리면 저 사람들이 자리를 뜰 거요."

그제야 내막을 알아차린 손병희는 콧방귀를 뀌었다.

"당신들, 여기 물 마시러 왔지, 양반들 물 마시는 것 구경하러 왔소?

먼저 온 차례대로 마시는 게 원칙이겠지만, 당신들이 그냥 서 있으니 나부터 먼저 마시겠소."

손병희는 양반들이 앉아 있는 곳을 향해 성큼성큼 걸어가서는 부리부리한 눈을 부릅뜨며 버럭 고함을 질렀다.

"물을 마시는 데도 양반과 상놈의 차별이 있소?"

그러고는 그들 중 한 명의 손에 들려 있던 바가지를 힘껏 낚아챘다.

"설마 당신들 중에 약수터 임자가 있는 것은 아닐 테지? 아무리 양반들이기로 염치도 없단 말인가? 양반들은 모두 장님이라서 저

렇게 기다리고 있는 사람들도 안 보이는가 보네."

손병희는 바가지로 약수를 떠서 꿀꺽꿀꺽 마셨다.

"커, 시원하다!"

손병희는 일부러 남은 물을 양반들이 앉은 쪽으로 뿌리고 나서 큰 소리로 외쳤다.

"정말 물맛 좋네요. 자, 모두들 이리 와서 물을 마시세요."

몇 사람이 흘깃흘깃 양반들의 눈치를 살피며 다가왔다.

양반들 중 한 사람이 손병희를 노려보며 버럭 호통을 쳤다.

"이놈, 양반들을 조롱하고도 네가 무사할 줄 아느냐? 이곳 사또에게 알려 네 목을 장대 끝에 매달아 줄 테다."

손병희는 하늘을 쳐다보며 한바탕 웃고 나서 말했다.

"나를 고발하려면 내 이름부터 알아야겠구려. 똑똑히 들으시오. 청주 사람 손응구가 물 한 바가지 더 마시겠소."

'손응구' 라는 말이 나오자 양반들의 낯빛이 달라졌다. 그들은 가지고 온 물건들을 챙겨 허둥지둥 달아나 버렸다.

그런데 그들 중 한 선비는 그 자리에 그냥 앉아 있었다.

손병희는 그 사람에게 물이 철철 넘치는 바가지를 내밀며 말했다.

"당신도 옷차림을 보니 양반 같은데, 아직도 목이 말라서 남아 있는 거요? 어서 마시고 떠나시오. 그래야 우리 상놈들도 마음 편하게 마실 것 아니오?"

선비가 손병희의 얼굴을 찬찬히 바라보더니 입을 열었다.

"청주에 손응구라는 호걸이 있다고 소문이 자자하더니, 이제야 만나게 되었구려."

선비는 손병희의 손에서 바가지를 받아 들고 벌컥벌컥 들이켰다. 그리고 빈 바가지에 물을 떠서 손병희에게 돌려주었다.

손병희가 선비에게 물었다.

"난 시골에 사는 한 상놈에 불과한데 내 소문을 어디에서 들었소?"

"내가 사는 한양에까지 손응구만 보면 양반들이 꼬리를 사리고 도망친다는 소문이 났소."

"그것 참 영광이구려. 아무튼 이렇게 만나니 반갑소. 댁의 성함이나 알고 지냅시다."

"난 김반석이라고 하오."

손병희는 갑자기 너털웃음을 터뜨렸다.

"김반석이라……. 쇠 금 자, 절반 반 자, 돌 석 자를 쓰시오? 쇠 절반, 돌 절반이라면 양반도 되고 상놈도 되겠소. 그렇다면 상놈인 나와 친구가 못 될 것도 없겠소."

손병희와 선비는 손을 마주 잡으며 한바탕 유쾌하게 웃었다.

손병희가 말했다.

"난 그 동안 양반이라면 모두 얼굴을 맞대고 이야기를 나눌 만한 인간들이 못 되는 줄 알았소. 그런데 알고 보니 당신처럼 마음이 통하는 사람도 있소그려."

"어디 양반이라고 모두 나쁜 사람들뿐이겠소?"

"혹시 붓과 종이를 갖고 있소?"

"그건 왜요?"

"당신과 즐겁게 이야기를 나누다 보니 갑자기 시가 한 수 떠오르는구려. 내가 읊어 볼 테니 받아 적으시겠소?"

"어디 불러 보시오."

손병희는 천천히 시를 읊어 나갔다.

이름은 가시나무라도 꽃이 피면 아름답고
더러운 연못에 핀 연꽃도 향기가 더 좋더라.
옛날이나 지금이나 양반과 상놈이 무엇이 다르랴.
초정 약수터에서 마음만 맞으면 평등한 사람인데.

시를 다 적고 난 선비가 크게 고개를 끄덕이며 말했다.
"옳은 말씀이오. 참으로 좋은 시였소."
손병희는 기뻤다. 그 동안 무턱대고 양반들을 미워하기만 했는데, 양반들 중에도 생각이 올곧은 사람이 있다는 것을 알게 되어 너무나 즐거웠다.

5. 사람이 사는 도리

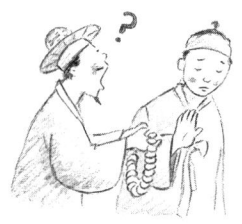

 곽 씨 부인과 혼인한 뒤, 손병희는 어머니를 모시고 아버지 집에서 나와 따로 살림을 나게 되었다.

 손병희네는 농사를 지을 논밭이 하나도 없었다. 게다가 손병희가 장터 거리에서 건달처럼 지내다 보니 살림은 쪼들릴 수밖에 없었다.

 손병희가 열아홉 살 되던 해 봄, 곽 씨 부인이 딸을 낳아서 식구는 네 명으로 불어났다.

 어느 날, 손병희는 밤을 꼬박 새우며 노름판에 앉아 있다가 새벽녘이 되어서야 집으로 돌아왔다.

 마침 부엌 앞을 지나가던 손병희는 걸음을 멈추었다. 부엌 안에서 어머니와 아내가 주고받는 말소리가 들려왔기 때문이었다.

 "어머님, 양식이 다 떨어졌어요. 당장 오늘 아침부터 굶어야 할 처지이니, 이 일을 어쩌면 좋죠?"

 "글쎄다……. 너무 걱정하지 말아라. 아범이 들어오면 어떻게 수를 내겠지."

 "그 양반이라고 별수 있겠어요? 수중에 돈 한 푼 없는 걸 제가 뻔히 아는데……. 그나저나 살림이 이렇게 쪼들려서야 어떻게 살죠?"

어머니는 구차한 살림이지만 한 번도 짜증을 내거나 싫은 소리를 한 적이 없는 며느리의 입에서 이런 소리가 나오자, 조금 당황한 기색이었다.

"어멈아, 오죽 답답했으면 네가 그런 말을 하겠니? 네 심정 잘 안다. 식구는 늘어가는데, 돈 한 푼 들어올 데 없으니 말이다. 하지만 약한 소릴 해서는 안 돼. '젊어 고생은 돈 주고도 못 산다.' 는 말이 있지 않니? 조금만 더 참아라. 곧 남부럽지 않게 우리도 잘살게 될 테니……."

"독 안에 쌀 한 톨 없는데, 그 양반은 술이랑 노름에만 빠져 세월 흘러가는 줄도 모르잖아요. 그런데 무슨 희망이 있겠어요?"

몰래 엿듣고 있던 손병희는 얼굴이 화끈거렸다. 가장 노릇을 제대로 하지 못하는 자신이 부끄럽기 짝이 없었다.

"어멈아, 네 남편을 믿어야 해. 여러 번 얘기했지만, 아범을 배었을 때 태몽이 심상치 않았느니라. 아범은 여느 사람들과 달라. 머지않아 남들이 모두 우러러보는 사람이 될 거다."

"그랬으면 오죽이나 좋겠어요."

손병희는 헛기침을 했다. 그 소리를 듣고 깜짝 놀란 아내가 부엌 밖으로 뛰어나왔다.

손병희가 말했다.

"여보, 양식 걱정은 하지 마시오. 내가 급한 대로 쌀을 두어 말 구해

올 테니……."

손병희는 몸을 돌려 대문 밖으로 나섰다.

아내가 따라 나와서 다급하게 물었다.

"어딜 가시게요?"

"장터 이 서방네 싸전으로 가오. 우선 두어 말 외상으로 꾸어 먹읍시다."

"아직 날도 새지 않은 새벽이잖아요? 잠시 눈을 붙였다가 날이 새고 난 뒤에 가세요."

"그 사람은 이제까지 내게 적지 않은 신세를 졌소. 어느 시간에 가더라도 싫은 소리를 하지는 못할 거요."

손병희는 장터 쪽을 향해 서둘러 발을 돌렸다.

이 서방네 싸전 앞에 닿았을 때에도 아직 날이 덜 새어 어둑어둑했다. 가게로 통하는 문은 굳게 닫혀 있었다.

손병희는 주먹으로 문을 마구 두들겼다. 탕탕 울리는 소리가 인적 없는 거리 저 끝까지 울려 나갔다.

"도대체 누군데 새벽부터 소란을 피우나?"

문을 열고 나온 이 서방이 입을 크게 벌리며 하품을 했다. 새벽 단잠을 방해받은 것이 못마땅한 듯 그는 잔뜩 눈살을 찌푸리고 있었다.

"나요, 나."

손병희는 약간 미안한 생각이 들어 겸연쩍은 웃음을 지어 보였다.

이 서방이 장터에서 싸전을 연 것은 두 해 전의 일이었다.

그는 객지 사람이었다. 예나 지금이나 텃세 부리기를 좋아하는 사람들이 많아서, 장터 거리의 건달들은 툭하면 이 서방에게 애꿎은 구실을 대어 시비를 걸곤 했다.

그때, 손병희가 나서서 건달들이 더 이상 그를 괴롭히지 못하게 막아 준 일이 있었다.

찾아온 사람이 손병희인 것을 알고서도 이 서방의 찌푸린 인상은 풀리지 않았다.

"새벽부터 웬일이슈?"

그의 목소리도 퉁명스럽기만 했다.

"집에 양식이 다 떨어졌소. 쌀 두 말만 꾸어 주시오."

"어림없소. 전에 외상을 진 것도 갚지 않고 무슨 염치로 또 외상을 달라는 거요?"

이렇게 말대꾸를 하며 이 서방이 집 안으로 들어가려고 몸을 돌렸다. 그때 손병희의 커다란 손이 그의 뒷덜미를 움켜쥐었다.

"네 이놈! 네 형편이 어려울 때에는 형님, 형님 하면서 온갖 아첨을 떨더니만, 이제 좀 자리를 잡았다고 감히 나를 괄시해? 너같이 신의 없는 놈은 가만둘 수 없다."

손병희는 화가 나서 뒷덜미를 잡은 손에 힘을 주어 그를 힘껏 밀어 버렸다. 그러자 이 서방이 땅바닥에 나동그라졌다.

"네가 처음 여기 가게를 열 적에 겨우 쌀 몇 됫박 가지고 시작하지 않았느냐? 개구리 올챙이 적 생각을 못 한다더니, 이제 쌀 섬이나 쌓아 놓고 먹을 만하게 되니까 내게 거드름을 피워? 그래, 네가 부자가 되었으니 내게도 다행스럽구나. 쌀을 구해 가지 못하면 우리 집 네 식구가 굶어 죽을 판이다. 우리 식구들 다 죽기 전에 부잣집 쌀로 목숨 좀 살려 보자."

이 서방이 허공으로 두 손을 내저으면서 다급히 소리쳤다.

"내가 잘못했소. 쌀을 가져가시오. 두 말 아니라 열 말, 스무 말이라도 좋으니 마음대로 가져가시오."

손병희가 그의 몸을 일으켜 주며 말했다.

"이 사람아, 내가 화를 안 내게 되었는지 자네도 입장을 바꾸어 생각해 보게. 동냥은 못 주더라도 쪽박까지는 깨지 말라는 말이 있소. 궁지에 빠져 있는 사람을 그리 푸대접해서야 되겠소?"

"나도 지금 잘못을 반성하고 있소."

"나도 외상을 못 갚았고 또 외상을 달라고 하는 것이 염치없는 짓인 줄 알고 있소. 하지만 당장의 사정이 하도 딱하니 좀 도와 달라는 것이오. 돈보다는 사람의 목숨이 더 중한 것 아니오?"

"옳은 말씀이오. 어서 쌀을 가져가시오."

"아직도 내가 못마땅한가 보오?"

이 서방이 두 팔을 홰홰 내저으면서 말했다.

"아, 아니오. 어서 가져가고 싶은 만큼 마음대로 가져가시오."

"내가 날강도도 아닌데, 당신이 허락했다고 해서 열 말, 스무 말씩 가져갈 리 있겠소? 당장 발등에 떨어진 불을 끄게 딱 두 말만 가져

가고 외상값도 빨리 갚도록 하겠소. 당신은 오늘 당장 쌀 두 말 값을 못 받아도 장사를 못하거나 생명에 지장이 있는 게 아니지만, 우리 식구들한텐 목숨이 걸린 일이오. 그러니 오늘 일을 너무 섭섭하게 생각지 말아 주시오."

손병희는 쌀자루를 등에 지고 집으로 향했다. 비록 식구들을 먹일 쌀을 구하긴 했지만, 마음은 한없이 무거웠다.

여전히 손병희는 장터 거리의 건달 대장이었다. 제대로 먹지 못해 야윈 식구들의 얼굴을 보는 것이 괴로워 손병희는 집 밖으로만 나돌았다.

손병희가 한약방들이 줄지어 선 도매 시장을 지나가고 있을 때였다. 길바닥에 묵직해 보이는 가죽 주머니가 떨어져 있었다.

주머니를 열어 본 손병희는 깜짝 놀랐다. 주머니 속에는 엽전들이 수두룩했다. 어림 셈해 보니 삼백 냥은 족히 되었다.

'정말 정신없는 사람도 다 있군. 이처럼 큰돈을 길바닥에 떨어뜨리고 다니다니……. 이걸 잃어버린 걸 알게 되면 얼마나 마음이 아플까?'

손병희는 주위를 둘러보았다. 돈주머니의 임자인 듯한 사람은 눈에 띄지 않았다.

'허, 주인을 어떻게 찾아 돌려주지? 그래, 여기 앉아서 기다려 보자. 뒤늦게 잃어버린 사실을 알게 되면 갔던 길을 되돌아올 테니까.'

손병희는 길가에 있는 나무 밑으로 가서 돈주머니를 깔고 앉았다.

한참 뒤, 길 저편에서 당나귀 고삐를 손에 쥐고 걸어오는 사람이 보였다. 그는 얼굴에 초조한 빛을 가득 띤 채 열심히 땅바닥 이쪽 저쪽을 두리번거리며 다가오고 있었다.

당나귀의 등에는 포목이 한 바리 실려 있었다.

손병희가 그를 불렀다.

"여보시오, 무얼 그리 열심히 찾고 계시오?"

포목상이 당나귀를 세우고 떨리는 목소리로 말했다.

"내가 조금 전에 이 길로 지나갔었소. 한참 가다가 포목 짐 속에 끼워 두었던 돈주머니가 생각나서 찾아보았더니 온데간데없이 사라졌지 뭡니까? 길에 떨어뜨린 게 분명해서 가던 길을 되짚어 오는 중이오."

손병희는 깔고 앉아 있던 돈주머니를 꺼내 보였다.

"혹시 이것 아닙니까?"

포목상이 반색을 하며 소리쳤다.

"네, 바로 그거요! 아이고, 고마워라! 일부러 이렇게 기다려 주시다니……."

포목상은 손병희의 두 손을 꼭 잡으며 연방 머리를 조아렸다.

"남을 때려서라도 돈을 빼앗아 가는 험악한 세상인데, 이처럼 성인 같은 분이 계실 줄은 몰랐소. 틀림없이 장래에 귀한 분이 될 것이오."

"별말씀을 다 하시오. 내 것을 드리는 것도 아니고, 주운 물건을 임자한테 돌려주는 것이 뭐 그리 대단한 일이겠소."

"아니지요. 아무나 할 수 있는 일이 아닙니다."

포목상은 돈주머니에서 백오십 냥을 세어 꺼내더니 손병희에게 내밀었다.

"당신이 아니었다면 이 돈을 몽땅 잃었을 테니, 우리 절반씩 나누어 가집시다."

그 순간, 손병희의 머릿속에는 굶고 있을 식구들의 얼굴이 떠올랐다. 그러나 그는 거세게 머리를 저었다.

"괜찮소. 그 돈 도로 넣으시오. 여보시오, 난들 돈 귀한 것을 모르겠소? 그 돈에 욕심을 냈다면 여기 이렇게 앉아서 당신을 기다렸을 것 같소? 길이 많이 지체되었을 테니 어서 가던 길이나 마저 가시오."
"정말 제가 오늘 성인을 만나 뵙는군요. 부디 성함이라도 알려 주십시오."
"사는 길이 달라서 앞으로 만날 일도 없을 텐데, 이름은 알아서 무엇에 쓰겠소. 자, 이만 헤어집시다."
손병희는 포목상이 온 길과 반대쪽으로 성큼성큼 걸어갔다.
손병희의 모습이 보이지 않을 때까지 포목상은 그 자리에 꼼짝 않고 서서 홀린 듯한 눈길로 지켜보고 있었다.

불의한 양반들을 혼내 주는 일에는 조금의 망설임도 없는 손병희는 반대로 가난하고 힘없는 사람들에게 어려운 일이 닥치면 앞장서서 그들을 도와주었다.
어느 해 여름, 충청도 지방에 호열자(콜레라)가 발생하여 수많은 사람들이 죽었다. 의술이 발달하지 못한 그때로서는 호열자는 저승사자가 들이닥친 것이나 마찬가지였다.
공포에 질린 사람들은 집 안에 꽁꽁 틀어박혀 문 밖으로 나갈 생각을 하지 못했다. 그러나 겁을 모르는 손병희는 태연히 여느 때처럼 이 마을 저 마을을 떠돌아다녔다.
하루는 손병희가 충청도 음성의 한 마을을 지나가게 되었다.
사람들이 어느 집 앞에 모여 웅성거리고 있었다.

'저 집에 무슨 일이 있는 모양이군. 그런데 왜 사람들이 저렇게 쑥덕거리고만 있을까?'

손병희는 그 집 앞으로 걸어가서 사람들이 주고받는 말에 귀를 기울였다.

"큰일이로군. 저대로 놓아둘 수는 없는 일인데……."

"온 가족이 모두 죽었으니, 시체를 처리해 줄 사람도 없고……."

손병희가 수염이 허옇게 난 노인을 붙들고 물어보았다.

"저 집에 무슨 일이라도 생겼습니까?"

"호열자에 걸려 여섯 식구가 한꺼번에 다 죽고 말았다오."

"그게 언제 일입니까?"

"벌써 엿새 전의 일이라오. 그런데 아직 장례를 치르지 못했소. 몹쓸 병에 전염되기라도 할까 봐 아무도 가까이 갈 엄두를 못 내기 때문이지."

손병희의 부리부리한 눈 속에서 불길이 확 피어올랐다.

손병희는 마을 사람들을 차례차례 무서운 눈으로 노려보았다. 찔끔해진 마을 사람들은 그 눈길을 피하기에 바빴다.

"아무리 호열자가 무서운 병이라고 해도, 이웃이 죽었는데 엿새씩이나 그냥 내버려 두다니 말이 됩니까? 생판 남도 아니고 서로 정을 나누며 살아온 이웃 아닙니까? 사람으로서의 도리를 지킬 줄 모른다면 살아 있어도 송장이나 진배없소."

손병희는 옆에 서 있는 노인에게 말했다.

"모두들 꺼린다면 내가 저 집에 들어가겠습니다. 마을 사람들과 상의하여 장례에 필요한 물건들이나 구해 주십시오."
한참이나 고개를 끄덕거리던 노인이 마을 사람들을 향해 말했다.
"여러분, 우리 모두 부끄러워해야만 하오. 아무 관계도 없는 젊은이도 남의 궂은일에 발 벗고 나서는데, 우리는 이웃이라면서 지금까지 무엇을 했소? 가만히 서 있지들 말고 어서 장례 준비를 합시다."
손병희는 마을 사람들과 힘을 모아 죽은 사람들을 잘 묻어 주었다.

6. 새로운 세상

　동학은 1860년에 경주 사람 최제우가 새롭게 만든, 우리 나라의 민족 종교이다.

　그 무렵 우리 나라는 몹시 어지럽고 불안한 상태에 놓여 있었다. 부패한 벼슬아치들의 횡포는 극에 달했고, 분노한 백성들이 곳곳에서 민란을 일으키고 있었다.

　무엇보다 시급한 것이 흔들리는 백성들의 마음을 다독거리는 일이었는데, 조정은 그런 노력을 시도조차 하지 않았다. 나날이 민심은 조정으로부터 멀어지고 있었다. 헐벗고 지친 백성들은 정신적으로 의지할 수 있는 무엇, 희망의 빛을 던져 주는 새로운 무엇의 출현을 간절히 바라고 있었다.

　오랫동안 이 땅의 정신을 지배해 왔던 불교와 유교는 너무 낡아서 새 시대를 열어 갈 만한 힘을 지니고 있지 못했다.

　그런 가운데 서양에서 천주교라는 새로운 종교가 들어왔다. 천주교는 조정의 엄한 탄압에도 불구하고 비밀리에 널리 퍼져 나갔다. 천주교를 통해 우리 나라에 흘러 들어온 서양 문화를 서학이라고 한다. 서

학은 우리 나라의 과학 발전에 기여하기도 했지만, 서양 문화를 바탕으로 한 천주교의 교리와 의식은 우리에게 안 맞는 점이 많았다.

그때, 최제우가 창시한 동학이 백성들 앞에 모습을 드러냈다.

'사람이 곧 하늘이다.'

'사람은 누구나 다 존귀하고 평등하다.'

이 같은 동학의 근본 정신은 인구의 대부분을 차지하면서도 사회적으로 멸시를 받고 있던 농민들로부터 큰 환영을 받았다.

동학의 세력이 급속도로 커지자, 겁을 먹은 조정은 최제우를 처형하는 등 심하게 탄압을 가했다. 동학 교도를 적발해 내려는 감시의 눈들이 번뜩였지만, 겉으로 드러나지 않는 가운데 동학은 계속 퍼져 나갔다.

1882년 추석날, 청주의 동학 교도들이 몰래 한자리에 모였다.

모임이 끝날 때쯤 청주 관아의 이방으로 있는 손천민이 불쑥 엉뚱한 말을 꺼냈다.

"여러분 모두 손병희라는 이름을 들어 보셨을 것이오. 실은 그분이 제 삼촌 되십니다. 그분에게 동학에 입교하도록 권해 볼까 하는데 여러분의 생각은 어떻습니까?"

사람들이 서로의 얼굴을 쳐다보며 웅성거렸다.

"여기 사는 사람들치고 손병희가 누구인지 모르는 사람이 어디 있겠소? 장터 거리의 건달 대장으로 소문난 사람을 입교시키다니, 말도 안 되는 소리요."
"옳은 말이오. 그처럼 막돼먹은 사람을 입교시켰다가, 괜히 비위에 거슬린다고 관아에 신고라도 하면 우리 모두의 목숨이 위태로워질 것이오."
손천민이 입가에 지그시 미소를 띠며 말했다.
"그건 여러분이 몰라서 하는 말씀입니다. 전 조카이기 때문에 그 분이 어떤 인물인지 잘 압니다. 겉으로야 방탕하게 사는 듯이 보일 테지만, 정의를 사랑하고 불의를 미워하는 뜨거운 마음을 가진 분

입니다."

"당신의 말이 옳다고 해도 안 되오. 건달로 소문난 사람을 받아들였다간 다른 사람들의 비웃음만 사게 될 거요."

손천민은 반대하는 사람들을 간곡한 말로 설득했다.

"그분이 건달로 지내는 것은 서자로 태어났기 때문입니다. 아무리 훌륭한 재주를 지니고 태어나도 뜻을 펴 볼 길이 막혀 있는데, 누군들 절망하지 않겠습니까? 우리 동학이 그분에게 새 삶을 살 수 있는 길을 열어 줍시다."

그러자 차츰 찬성하는 사람들이 늘어나서 반대하는 사람들보다 많아졌다.

마침내 가장 강하게 반대하던 사람이 확인하듯 물었다.

"그런데 그 사람이 입교하기는 할까요?"

그제야 마음을 놓은 손천민이 활짝 웃으며 말했다.

"그렇게 될 겁니다. 제 부탁이라면 안 들어준 일이 별로 없었으니까요. 하하하."

그렇게 하여 손천민이 손병희를 찾아가게 되었다.

하루는 손병희가 마루에 앉아서 짚신을 삼고 있는데, 손천민이 불쑥 집 안으로 들어섰다.

"아저씨, 그 동안 안녕하셨습니까?"

"조카님이 무슨 일로 내 집을 다 찾아오셨소? 날이 차니 어서 방으로 드십시다."

손천민은 손병희의 이복 형님 손병권의 장남인데, 나이는 오히려 손병희보다 일곱 살이 많았다. 그래서 손병희는 조카인 손천민에게 말을 높이고 있었다.

"아저씨, 요즈음 어떻게 지내시는지요?"

"아까 들어오면서 보았던 대로 짚신이나 삼으면서 세월을 보내고 있소."

"저는 아저씨가 큰 뜻과 뛰어난 재주를 지니고 있다는 것을 잘 압니다. 아저씨, 이처럼 무의미하게 세월만 보낼 수는 없지 않습니까? 그래서 오늘은 아저씨께 새로운 세상을 소개해 드리려고 찾아왔습니다."

"그게 무슨 말이오?"

"혹시 동학에 관해 들은 적이 있으십니까?"

손천민이 목소리를 잔뜩 낮추어 물었다.

"동학? 물론 이야기를 들은 적은 있지요. 그런데 그건 갑자기 왜 묻는 거요?"

"저도 동학을 믿습니다."

손병희의 두 눈이 휘둥그레졌다.

"조카님이 동학 교도란 말이오? 나라에서 엄하게 금하고 있는 걸로 아는데, 들키면 어쩌려고 그러오?"

"위험한 줄 알면서 믿는 것은 그만한 가치가 있기 때문이 아니겠습

니까?"

손천민이 빙그레 미소를 지었다. 손병희는 어이없다는 듯 한참 동안 손천민의 얼굴을 바라보다가 물었다.

"그래, 동학을 믿으면 무슨 좋은 일이 있다는 거요?"

"동학을 잘 믿으면 삼재팔난(세 가지 재해와 여덟 가지 재난)을 면할 수 있게 되지요. 세상의 모든 어려운 일과 화를 예방하고 잘살 수 있게 되는 도입니다. 아저씨도 동학을 믿어 보시지요."

그러자 손병희는 등을 홱 돌려 앉으며 말했다.

"나는 하루빨리 삼재팔난이 닥쳐오기를 바라는 사람이오. 잘난 체

거들먹거리는 양반 놈들 나자빠지는 꼴 좀 보게 세상이 홀딱 뒤집혀졌으면 좋겠소. 나하고는 안 맞는 얘기이니 잘못 찾아오신 거요. 기왕 동학에 들었다니 조카님이나 잘해 보시오."

손천민은 속으로 혀를 찼다.

'아뿔싸! 내가 말을 잘못 꺼냈구나.'

손천민은 다른 말로 다시 설득해 보고 싶었다.

그러나 한번 마음이 틀어지면 무슨 말을 해도 받아들이지 않는 손병희의 성격을 잘 알고 있는 터라, 다음 기회를 노리기로 하고 그냥 집으로 돌아갔다.

손천민의 뒤를 이어 이웃 마을에 사는 동학의 접주 서우순이 손병희를 찾아왔다. 서우순은 손병희와 허물없이 마음을 터놓고 지내는 친구 사이였다.

"여보게, 오늘 자네한테 특별히 해 줄 말이 있어서 왔는데, 들어 보겠나?"

"무슨 말인데 그러나? 들을 만하면 당연히 들어 주어야지."

"단도직입적으로 묻겠네. 자네, 동학에 입교할 생각 없나?"

"알고 보니 자네도 동학 교도였군그래. 며칠 전에 조카도 자네와 같은 말을 하려고 찾아오더니만……."

"자네가 몰라서 그렇지, 이 마을에도 동학에 입교한 사람이 상당히 많아. 우리끼리 모여 앉으면 자네 이야기를 많이 한다네. 자네야말로 동학에 입교만 하면 앞으로 큰일을 해낼 사람이 될 거라고 말일세."

"고맙네. 하지만 난 관심이 없네. 삼재팔난 따위는 조금도 두렵지 않으니까."

"그거야 세상이 워낙 뒤숭숭해서 사람들 듣기 좋으라고 하는 말이고, 동학의 근본 정신은 그게 아닐세. 자네가 들어 보면 반할 것이야."

그제야 손병희는 적이 호기심이 생겼다.

"어디 그럼 동학 이야기를 해 보게. 좋으면 나도 함세."

"우리 동학에서는 사람 섬기기를 하늘같이 하라고 가르치네. 모든 사람을 하늘처럼 소중히 여기는데, 어찌 거기에 빈부귀천, 남녀노소에 따른 차별이 있을 수 있겠나? 한마디로 말해서, 동학은 모든 사람이 똑같이 잘사는 세상을 만들기 위해 일어난 종교라네."

차근차근 설명하는 서우순의 말을 들으며, 손병희는 점점 귀가 솔깃해졌다. 그의 말 한마디 한마디가 가슴을 울리는 것 같았다.

이윽고 손병희는 서우순의 손을 굳게 잡으며 말했다.

"이 사람아, 왜 진작 그런 이야기를 나한테 하지 않았나? 자네가 원망스럽네그려."

"우리야 벌써 오래 전부터 자네한테 입교하라고 권하고 싶은 생각을 갖고 있었지. 그런데 자네 성격이 보통 사람과 달라서 만약의 일을 염려하여 미루어 왔던 것일세."

"내 성격이 어때서 그러나? 아무튼 됐네. 나를 동학에 입교시켜 주게나."

이렇게 하여 손병희는 정식으로 절차를 밟아서 동학에 입교하게 되었다. 입교식이 거행된 것은 1882년 10월 5일, 손병희의 나이 22세 되던 해 가을이었다.

7. 해월 스승의 가르침

동학에 입교한 손병희는 그 날부터 완전히 새사람으로 바뀌었다.

우선 손병희는 지난날 함께 어울려 다니던 장터 거리의 건달들을 모아 놓고 이렇게 말했다.

"생각한 바가 있어서 이제부터 나는 바깥출입을 삼가려고 하네. 공부를 좀 해야겠거든. 그러니 자네들도 나를 동무로 여기지 말고, 앞으로는 우리 집에 찾아오는 일이 없도록 하게."

그 뒤, 손병희는 하루가 무섭게 달라지기 시작했다. 술과 담배를 끊고, 노름판에도 끼어들지 않았다.

혹시 자기를 업신여기는 사람이 있어도 이전처럼 화를 못 참아 옥신각신 다투지 않았다.

손병희는 뚜렷한 볼일이 없는 한 바깥출입도 하지 않았다. 식구들의 생계는 하루에 짚신 두 켤레씩을 삼아서 이어 나갔다.

손병희는 골방 깊숙이 틀어박혀 동학의 여러 경전들을 읽었다.

동학의 가르침은 깊고 넓어서 아무리 공부해도 그 끝에 이를 수 없었다.

'사람이 사람답게 사는 길은 무엇인가? 나는 동학에서 그 길을 찾아낼 것이다.'

손병희는 동학 교도들의 모임이 열리는 곳이면, 아무리 멀리 떨어진 곳이라도 꼭 찾아가서 강론을 들었다. 그리고 그곳에 모인 다른 교도들과 교리에 대한 이야기를 주고받았다.

손병희의 그런 열정은 곧 많은 동학 교도들의 주목을 받게 되었다. 어느 날, 같은 동학 교도 중의 한 사람이 손병희에게 권하였다.

"당신이 우리 교의 도를 깨치려고 애를 쓴다는 것을 잘 알고 있소이다. 혼자 깨치려고 노력하기보다는 해월 교주님을 직접 만나서 가르침을 얻는 것이 시간도 절약되고 여러모로 도움이 되지 않겠소?"

해월이란 동학의 2대 교주인 최시형의 도호(동학 교도 사이에서 지어 부르는 호)이다. 최제우가 죽은 뒤, 그의 후계자로서 그 당시 동학을 이끌어 나가는 지도자였다.

손병희가 고개를 저으며 말했다.

"스승의 도움을 받고서야 깨칠 수 있다면 어찌 참된 도라고 하겠소? 나 혼자의 힘으로 도를 깨칠 수 있도록 좀더 노력해 보겠소. 그리고 아직 교주님을 만나 뵐 수 있을 정도로 내 자신이 준비되어 있지도 않소."

청주 사람 손병희가 동학의 도를 깨치려고 애쓴다는 소문은 교주 최시형에게도 전해졌다.

최시형이 주위 사람들에게 말했다.

"기특한 인물이로군. 언제 틈을 내어 한번 만나 보아야겠어."
최시형은 그 말을 곧 실행에 옮겼다.

1884년 어느 가을날, 손병희가 청주군 목천리에서 열린 동학 모임에 참가했다가 집으로 돌아가려고 할 때였다.
"여보게, 잠깐 나랑 얘기 좀 하세."
눈빛이 형형한 노인이 손병희의 옷소매를 잡아끌었다.
손병희는 고개를 갸우뚱거렸다. 한 번도 본 적이 없는 얼굴이었다.
"저, 누구신지……?"
"나는 최시형이라고 하네."
손병희는 화들짝 놀라며 땅바닥에 납작 엎드렸다.
"네, 교주님이시라고요?"
"우리 동학에는 신분의 높고 낮음이 없네. 어서 일어나게."
최시형은 손병희를 일으켜 세웠다.
"자네 이야기를 많이 들었지. 자네를 만나고 싶어 경주에서 여기까지 먼 길을 왔네. 우리 서로 얘기할 게 많을 것 같은데……."
그 날 손병희는 교주 최시형과 함께 밤을 꼬박 새우며 많은 이야기를 나누었다.
참으로 즐겁고 유익한 하룻밤이었다. 동학에 대해 몇 가지 의심쩍게 생각했던 부분들이 봄눈 녹듯이 저절로 풀려 나갔던 것이다.
'이 종교야말로 내가 몸을 바쳐 믿어 볼 만하구나.'

그런 확신이 생기자 손병희는 마음이 흥겨워졌다. 그래서 그 느낌을 즉시 시로 읊었다.

하늘과 땅, 해와 달이 가슴 가운데 들어오니
세상이 큰 것이 아니라 내 마음이 크구나.
사나이의 말과 행동이 세상을 움직이나니
천지 조화를 내 뜻대로 움직일 수 있도다.

그 시를 듣고 최시형은 기분이 좋았다.

최시형은 손병희의 두 손을 덥석 잡아 쥔 채 말했다.

"동학을 믿는 사람은 많지만, 진정으로 그 교리를 제대로 이해하고 있는 사람은 많지 않네. 자네야말로 동학을 통해 새로운 세상을 열 사람일세. 부디 열심히 공부하여 동학의 큰 뜻을 깨치기 바라네."

그때까지도 동학에 대한 조정의 탄압은 가혹했다.

최시형은 언제 자신이 체포되어 목숨을 잃을지 모르는 조마조마한 처지에 놓여 있었다. 그러다 보니, 마음 놓고 동학의 장래를 맡길 후계자를 미리 키워 두어야 했다. 최시형은 손병희에게서 그 가능성을 발견하고는 무척 기뻐했다.

기쁘기는 손병희 역시 마찬가지였다. 하늘처럼 우러러보던 교주로부터 인정을 받은 손병희의 가슴은 마구 뛰었다.

"모든 점에서 부족하기 짝이 없는 몸이지만, 교주님의 가르침에 따라 열심히 공부하겠습니다. 많은 가르침을 주십시오."

이리하여 손병희는 교주와 신도로서의 관계를 넘어 스승과 제자의 관계로 최시형에게 직접 가르침을 받게 되었다.

최시형은 익산 사자암에서 거행된 49일 기도회에 손병희를 참여시켜 여러 가지 가르침을 베풀었다.

이듬해 봄, 충청도 공주에 있는 절 가섭사에서 다시 49일 기도회가 열렸다. 교주가 몸소 주관하는 기도회는 당시 은밀하게 모일 수밖에 없었던 동학 교도들의 모임으로는 최고의 행사였다.

그런데 이 중요한 모임을 준비함에 있어, 최시형은 다른 제자들을 제쳐 두고 신출내기라고 할 수 있는 손병희에게만 온갖 일을 맡겼다.

많은 신도들이 참가했으므로 그만큼 준비해야 할 일도 많았다. 그러나 손병희는 온갖 궂은일을 도맡아 하면서도 불평 한마디 하지 않았다.

기도회가 열리기 전날, 최시형은 손병희를 부엌으로 데리고 가서 부뚜막에 걸려 있는 솥을 가리키며 말했다.

"이 솥이 비스듬하게 걸린 것 같네. 뜯어내고 다시 걸게."

손병희가 보기에는 제대로 평평하게 걸린 것 같았다. 그러나 최시형이 시킨 대로 부뚜막을 뜯고 솥을 새로 걸었다.

부뚜막이 워낙 크다 보니, 뜯어내고 새로 고치는 데 여간 힘이 드는 것이 아니었다. 힘들게 일을 마친 손병희가 땀을 식히고 있을 때, 최시형이 부엌으로 들어왔다.

최시형은 손병희가 새로 걸어 놓은 솥을 보더니 고개를 절레절레 저었다.

"쯧쯧, 전보다 더 망쳐 놓았구나. 솥을 이렇게 깊이 걸어서야 밥이 제대로 뜸이 들겠나."

"다시 걸겠습니다, 스승님."

손병희는 애써 고쳐 놓았던 부뚜막을 다시 뜯었다.

그러나 일을 마친 뒤에 점검하러 온 최시형은 고개를 흔들기만 했

고, 그때마다 손병희는 다시 부뚜막을 뜯어 고쳐야 했다.

그렇게 하기를 일곱 차례, 손병희는 슬그머니 화가 치밀어 오르기 시작했다.

'내가 보기에 아무 이상도 없는데 왜 자꾸만 트집을 잡지? 내가 뭐 스승님의 마음에 안 들게 행동한 일이라도 있나?'

그러나 아무리 생각해도 스승의 눈에 벗어날 행동을 한 기억은 나지 않았다.

'이젠 더 이상 스승님이 무슨 말을 해도 듣지 않겠어. 다른 사람도 많은데, 그들에게 시키라고 하지 뭐.'

손병희가 그런 생각을 하고 있는데, 최시형이 부엌으로 들어왔다.

최시형은 솥을 바라보며 만족한 표정을 지었다.

"제대로 된 것 같구먼. 수고 많았네."

그러나 손병희가 보기에는 솥이 맨 처음에 놓여 있던 것보다 못한 것 같았다.

야속해하는 얼굴로 서 있는 손병희의 손을 잡으며 최시형이 말했다.

"하루 종일 고생이 많았네. 같이 바람이나 쐬러 나가세."

최시형은 대웅전 뒤편의 숲으로 손병희를 데려갔다.

"저기 저 소나무를 보게."

손병희는 최시형이 손가락으로 가리키는 쪽을 바라보았다. 고만고만한 나무들 사이에 유독 한 자쯤 키가 큰 소나무가 눈에 들어왔다.

"나무도 사람들처럼 생각할 줄 안다면, 저 나무는 거센 바람이 불때마다 어떤 생각을 할까? 왜 나만 키가 커서 홀로 바람을 맞아야 하냐고 불만을 품을까? 글쎄, 나무의 말을 알아들을 수 없으니 알 수 없는 일이지. 그러나 내 생각으론 그렇지 않으리라고 보네."

최시형이 손병희의 눈을 빤히 들여다보았다. 그의 마음속도 알아차릴 듯한 날카로운 눈빛이었다.

"오늘 내가 시킨 일에 대해 불만이 많았겠지? 하지만 크게 자라는 나무는 웬만한 일에 불만을 품지 않는다네. 몸에 부딪히는 바람을 꺼려서야 큰 나무가 될 수는 없지 않겠나? 나는 자네가 큰 나무로 자라기를 바라네."

그제야 손병희는 최시형의 깊은 뜻을 알아차렸다. 최시형은 어떤 험난한 일이 닥치더라도 제풀에 포기하지 않는 인내심을 길러 주기 위해 손병희에게 이런 일을 시켰던 것이다.

8. 희망과 좌절의 동학 농민 운동

　손병희가 동학에 입교한 뒤 여러 해가 흘렀다. 그 동안 손병희는 동학을 이끌어 갈 유능한 인재로서 점점 이름이 높아져 갔다.
　어지러운 나라의 정세는 조금도 나아질 기미를 보이지 않았다. 부패한 벼슬아치들의 횡포는 더욱 심해졌고, 그에 항거하는 백성들의 분노가 나라 곳곳에서 민란으로 폭발했다.
　그러자 나라에서는 민란의 배후에 동학이 있다고 여겨, 교주 최시형을 비롯한 동학의 간부들을 잡아들이라는 명령을 내렸다.
　청주 관아의 포졸 세 명이 손천민의 집에 들이닥쳤다. 그러나 미리 낌새를 알아차린 손천민이 몸을 피한 뒤였다.
　닭 쫓던 개 지붕 쳐다보는 격이 된 포졸들은 손천민의 아내를 대신 잡아가기로 했다. 포졸들은 그녀의 두 손을 뒤로 모아 밧줄로 꽁꽁 묶었다.
　그 소식을 전해 들은 손병희가 달려와서 큰 소리로 외쳤다.
　"힘없는 여인네에게 이게 무슨 행패요? 당장 풀어 주시오."
　포졸 중의 하나가 눈을 부라리며 물었다.

"누구기에 함부로 나서느냐?"

"나는 손천민의 아재비 되는 사람으로, 나 역시 동학 교도요. 아무 죄도 없는 부인을 끌고 가는 것보다 차라리 동학 교도인 나를 잡아 가시오."

"정말 네가 동학 교도냐?"

"그렇소."

그러자 포졸들이 우르르 달려들어서 밧줄로 손병희를 묶으려고 했다.

손병희가 그들을 밀치며 말했다.

"내가 자진해서 잡혀가겠다고 나섰는데 묶을 필요는 없지 않소? 달아날 것 같으면 내 스스로 잡아가라고 말하지도 않았을 것이오."

"하기야 네 말도 일리가 있군."

포졸들은 손병희에게 포박을 지우는 대신 앞뒤로 에워싸고 관아로 향했다.

가는 도중에 주막이 나타났다.

손병희는 포졸들을 곯려 주기로 마음먹고 우뚝 걸음을 멈추며 말했다.

"아무리 나랏일이 중하다고 해도 밥은 먹어야 할 것 아니오? 점심때도 훨씬 지났으니 주막에 들러 요기나 하고 갑시다. 돈은 내가 낼 테니까."

포졸들은 잠시 저희들끼리 수군거리더니 크게 인정이나 베푸는 듯이 승낙하였다.

"언제 죽을지도 모르는 죄인인데 그 정도 소원이야 들어주지."

주막으로 들어서자마자 손병희는 주모를 불러서 술을 가져오게 했다.

"나는 원래 밥 대신 술로 점심을 때우는 사람이오. 점심을 먹는 것이니 말리지 마시오."

손병희는 어이없어 넋을 놓고 바라보는 포졸들의 눈길을 무시한 채 순식간에 열 잔의 술을 마셨다. 그리고 마루에 벌렁 드러누우며 말했다.

"어, 취하는구나! 꼼짝도 못 하겠으니, 업고 가든지 끌고 가든지 마음대로 하시오."

포졸들은 기가 막혀 어쩔 줄을 몰라 했다.

"뭐 이런 놈이 다 있지? 어떡하지?"

"그렇다고 이놈을 그냥 놓아두고 갈 수는 없지 않나? 빈손으로 돌아갔다간 우리들만 경칠 테니까."

"어쩔 수 없지. 번갈아 업고 가세."

포졸들은 더운 날씨 속에 무거운 손병희를 업고 가느라 땀을 비 오듯 흘려야 했다.

관아 앞에 이르러서야 손병희는 스스로 땅에 내리며 말했다.

"내가 큰병이 걸린 환자도 아닌데, 업힌 채 관아로 들어갈 수는 없소. 나를 업고 오느라 수고했소."

이에 포졸들은 분을 이기지 못해 씩씩거렸다.

손병희는 청주 목사 앞으로 끌려갔다. 목사가 친히 심문을 했다.

"네가 손천민 대신 제 발로 끌려온 이유가 무엇이냐?"

"동학을 믿는 것이 왜 죄가 되는지 물어보고 싶어서입니다. 동학은 사람으로서 옳게 사는 도리를 가르치고 있는데, 그것도 죄가 됩니까?"

"나라에서 금지하는 것을 믿으면 당연히 죄가 되지. 동학 교주와 손천민이 어디 있는지 말해라. 털어놓지 않으면 너의 목을 베겠다!"

"그들이 어디 있는지도 모르거니와, 알고 있더라도 내가 일러바칠 사람 같소? 긴말하면 서로가 피곤하기만 할 테니, 차라리 어서 목을

베시오."

손병희는 길게 목을 뽑아 내밀었다.

청주 목사가 고개를 절레절레 저으며 말했다.

"잡아오라는 손천민은 안 잡아오고, 어디서 범 같은 놈을 데려왔구나. 더 붙잡아 두어 보았자 시끄럽기만 할 테니, 당장 저놈을 풀어 주어라."

이리하여 손병희는 태연자약하게 뒷짐을 지고 관아 밖으로 걸어 나왔다. 이 소문을 들은 동학 교도들 사이에서 손병희의 명성은 더욱 높아졌다.

제2대 교주 최시형의 지도 아래 동학 교단은 무서운 기세로 성장해 갔다. 전국 팔도에 걸쳐 동학 교도의 숫자는 수십만 명으로 늘어나 있었다.

1892년에 접어들면서, 동학을 탄압하는 조정과 이에 항거하는 동학 교단과의 대립은 더욱 날카로워졌다.

동학 교단은 조정과 정면 대결을 벌이기로 결정하고, 대규모 시위 집회들을 벌였다. 이들 시위 집회에서 내세운 요구는 크게 두 가지였다. 억울하게 참형된 교조 최제우의 죄명을 백지화하여 그의 한을 풀어 주고, 자유롭게 동학을 포교할 수 있도록 허락하라는 것이었다.

최시형의 절대적인 신임을 얻고 있던 손병희가 이들 대규모 집회를 앞장서서 이끌었다.

이듬해 3월에는 서울 광화문 앞에서의 복합 상소(많은 사람들이 대궐 문 앞에 엎드려 요구 조건을 내세우는 일) 운동을 지휘하였다.

그리고 3월 중순에는 충청도 보은에 동학 교도 수만 명을 집결시켜 보름 동안이나 시위를 벌였다. 이 보은 시위는 우리 나라 역사상 처음 벌어진 민중의 평화적 대규모 시위라는 점에서 역사적 의미를 남기게 되었다.

보은 시위는 조정과의 담판 끝에 자진 해산하고 말았지만, 최시형과 손병희를 주축으로 한 동학 교단의 사기는 하늘을 찌를 듯이 높아졌다.

동학의 세력이 점점 커지는 것을 두려워한 조정에서는 동학 교도들을 닥치는 대로 잡아들이게 했다.

그러자 못된 관리들은 그것을 빌미로, 조금이라도 재산이 있어 보이는 사람은 동학 교도로 몰아 재물을 빼앗아 갔다. 동학 교도이거나 아니거나 관계없이 많은 백성들이 관아에 끌려가서 매를 맞고 심지어는 죽기까지 하였다.

"어차피 죽을 바에야 동학이나 한번 믿어 보자."

벼슬아치들의 행패에 견디다 못한 백성들은 스스로 동학 교도가 되었다.

탐관오리로 악명이 높은 벼슬아치들 중 한 명이 전라도의 고부 군수 조병갑이었다. 조병갑은 갖은 교활한 구실을 대어 백성들의 재산을 빼앗았다. 따라서 그에 대한 백성들의 원성이 극에 달해 있었다.

마침내 참다못한 백성들의 분노가 동학 교도를 중심으로 하여 폭발했다.

1894년 1월 10일 새벽을 알리는 닭 울음소리를 기하여, 고부군의 동학 접주 전봉준이 이끄는 농민군(동학군)이 고부 관아를 습격했다. 그리고 잇따라 전라도 여러 고을의 관아를 쳐부수며 관군과 맞서 싸웠다.

'동학 농민 운동'의 횃불이 밝혀진 것이다.

전봉준의 거사 소식이 사방으로 알려지자, 전라도에는 동학군에 가담하려는 사람들이 몰려와서 길이 메워질 정도였다. 이처럼 동학군의 숫자는 순식간에 눈덩이처럼 불어났다.

동학군의 주장은 다음과 같았다.

'탐관오리를 몰아내고, 외국 세력을 이 땅에서 쫓아내며, 양반과 상놈의 구별이 없는 살기 좋은 나라를 만들자!'

조정이 현명하게 동학군의 주장을 일부분이나마 받아들이려고 노력했다면 우리 역사는 아마 달라졌을지 모를 일이었다. 그러나 조정은 동학군의 주장을 외면한 채 관군을 풀어 힘으로 진압하려고 했다.

조정에서 파견한 군사들이 전라도로 내려왔다. 그러나 관군의 힘만으로는 성난 파도와 같은 동학군의 세력을 꺾을 수가 없었다.

그 해 6월, 조정에서는 청나라에 군대를 파견해 달라고 도움을 청했다. 그러자 일본에서도 조선에 있는 자기 국민들을 보호한다는 구실

로 군대를 파견해 왔다.

이전부터 날카롭게 대립하고 있던 청나라와 일본의 군대는 엉뚱하게도 우리 나라에서 전쟁을 벌였다. 이것이 '청·일 전쟁'이다.

이 싸움에서 일본이 크게 승리함으로써 일본은 우리 나라에 큰 영향력을 가지게 되었다. 가만히 내버려 두었다가는 우리 나라가 일본의 지배 아래 들어가게 될지도 모르는 일이었다.

동학 교단은 원래 호남(전라도) 지방을 중심으로 한 남접과 호서(충청도) 지방을 중심으로 한 북접으로 나뉘어 있었다. 이들은 서로 생각에 차이가 있었다.

남접이 투쟁에 의해 목적을 달성해야 한다고 생각하는 반면, 북접은 동학의 모든 활동이 평화적인 방법으로 이루어져야 한다는 원칙을 갖고 있었다. 그래서 북접은 동학 농민 운동의 불길이 점점 넓게 번져 가도 가담하지 않고 가만히 지켜보고만 있었다.

그런데 싸움의 상대가 조정에서 일본으로 바뀌자 더 이상 그냥 두고 볼 수만은 없게 되었다.

1894년 9월, 최시형은 북접의 각 두령들을 청산에 모이라고 소집 명령을 내렸다.

이 회의에서 손병희는 열변을 토했다.

"이제 싸움은 남접만의 문제가 아니게 되었습니다. 만약 일본이 이긴다면, 우리 나라는 독립을 잃게 될지도 모릅니다. 우리도 빨리 군사를 일으켜 외롭게 싸우고 있는 전봉준 동지의 남접군을 도와야

합니다."

손병희의 주장을 다 듣고 난 최시형은 결연히 입을 열었다.

"인심이 천심이라, 백성들의 원하는 바가 곧 하늘의 뜻이오. 이제 백성들이 혁명을 원하니, 북접도 군사를 일으켜 남접과 함께 싸우도록 합시다. 손병희, 그대가 북접군의 통령이 되어 지휘를 맡도록 하시오."

최시형은 손병희에게 통령기를 쥐어 주었다.

손병희는 충청도 각 고을의 동학 교도들을 모아 군대를 조직하였다. 며칠 지나지 않아서 군사의 숫자가 십만 명을 넘어섰다.

손병희가 이끄는 부대는 거침없이 진격하여 충청도 지방의 대부분을 손에 넣게 되었다.

드디어 손병희의 부대는 논산에서 전봉준 부대와 만났다.

각각 남과 북의 군대를 이끄는 두 지도자는 감격에 차서 뜨겁게 서로를 끌어안았다.

"손 동지, 고맙습니다."

"나라를 바로잡고 백성을 살리는 일이지 않습니까? 당연히 힘을 합쳐야지요."

첫눈에 서로 반한 전봉준과 손병희는 형제의 의를 맺기로 했다. 전봉준은 형이 되고, 손병희가 동생이 되었다. 그 날부터 두 사람은 같은 막사에서 지내며 생활을 함께 하였다.

동학군은 군사의 숫자는 훨씬 많았지만, 일본군의 상대가 되지 못했다. 일본군은 총과 대포 같은 신식 무기로 무장한데다 훈련도 잘 되어 있었기 때문이었다.

그 해 10월, 공주 우금치에서 마지막 큰 싸움이 벌어졌다. 이 싸움에서 동학군은 관군과 일본군의 연합군에 크게 패하고 말았다.

더 이상 싸울 힘을 잃은 손병희와 전봉준은 눈물을 머금고 동학군을 해산시키기에 이르렀다.

동학의 지도자들은 조정의 체포령을 피하여 뿔뿔이 흩어졌다. 손병희는 최시형을 모시고 강원도 쪽으로 피신하기로 했다.

전봉준은 전라도 순창에서 사로잡혀 이듬해 3월에 처형당했다.

이렇게 하여, 백성들이 하나로 뭉쳐 일어난 동학 농민 운동은 그 막을 내리고 말았다.

9. 비록 쫓기는 신세지만

우금치 싸움에서 패한 동학군은 풍비박산이 되어 흩어졌다. 사방은 동학군을 체포하려는 관군들이 겹겹이 에워싸고 있었다.

손병희는 얼마 남지 않은 군사들에게 말했다.

"여기서 흩어지면 우리 모두 적에게 잡혀 죽고 만다. 포위망이 약한 곳을 살펴 집중 공격하면 탈출할 수 있을 것이다."

손병희의 전략은 딱 들어맞아 그의 부대는 우금치 지역의 포위망을 무사히 벗어날 수 있었다.

손병희의 부대가 보은으로 향하던 도중 청산 지방에 머무르고 있을 때였다. 간부 중의 한 사람이 손병희에게 말했다.

"통령님 가족들이 난을 피해 이 부근에 숨어 계신다 합니다. 밤을 틈타서 몰래 만나 보시는 게 어떻겠습니까?"

이에 손병희는 고개를 저었다.

"누군들 가족을 그리워하는 마음이 없겠느냐? 난리 중에 모두들 가족과 헤어져 생사를 모르는데, 어찌 나 혼자 가족들을 돌볼 수 있겠는가?"

그 말을 듣고 주위에 있던 모든 사람들이 크게 감동했다.

손병희의 부대가 충주에 이르렀을 때였다. 관군과 맞닥뜨려 큰 싸움이 벌어졌는데, 손병희 부대가 대패하고 말았다. 그나마 몇 명 되지 않던 군사들은 사방으로 흩어지고, 교주 최시형의 행방도 알 수 없게 되었다.

손병희는 통곡을 했다.

"아무리 전쟁 중이라고 해도, 교주님을 제대로 모시지 못한 것은 나의 큰 잘못이다. 이제 무슨 면목으로 다른 교도들을 대할 수 있단 말인가?"

관군의 수색대가 다가오는데도 손병희는 그 자리를 떠나려고 하지 않았다. 그러나 다른 간부들의 간곡한 설득에 못 이겨 할 수 없이 마음을 돌렸다.

손병희는 몇몇 간부들과 함께 밤이 되기를 기다렸다가 죽산 월정사 쪽으로 달아났다.

한참 산길을 걸어가고 있을 때였다. 등 뒤에서 갑자기 환한 빛줄기가 뻗어 나와 앞길을 가리키고 있었다.

손병희는 기이하게 여기며 빛줄기가 가리키는 곳을 향해 걸어갔다. 십여 리쯤 걸어갔을 때였다. 그곳에서 최시형이 바위 위에 앉아 묵념을 하고 있는 것이 아닌가.

손병희는 최시형 앞으로 달려가 엎드려 울음을 터뜨렸다.

"스승님, 용서해 주십시오. 앞으로는 제 목숨을 바쳐서라도 스승님

을 지켜 드리겠습니다."

그날 밤, 손병희는 곰곰이 생각에 잠겼다.

'당분간은 동학에 대한 탄압이 아주 거셀 거야. 어느 정도 탄압이 누그러질 때까지는 숨어 있어야겠어. 아무래도 산이 많고, 사람들이 적게 사는 강원도 쪽이 안전할 것 같구나. 그래, 그곳으로 가서 숨어 지내자.'

그래서 손병희 일행은 강원도로 향해 갔다. 친동생인 손병흠, 조카 손천민, 그리고 김연국 등도 함께였다.

그러나 강원도까지의 길은 너무 멀고, 곳곳에는 위험이 도사리고 있었다.

손병희 일행이 노림정에 이르렀을 때였다. 그곳에는 수많은 관군들이 주둔하여 지나가는 사람들을 일일이 수색하고 있었다.

손병희는 가슴이 덜컥 내려앉았다.

'이거 큰일 났는걸. 이제 와서 다른 길로 간다면 오히려 수상쩍게 보일 테고……. 그래, 범에게 물려 가도 정신만 차리면 산다고 했으니…….'

손병희는 일행을 이끌고 일부러 마을 한가운데 있는 객줏집에 들어가서 짐을 풀었다.

그리고 동학의 상징인 '궁을장'이 뚜렷이 찍힌 두루마기를 입고 파수병이 서 있는 곳으로 어슬렁어슬렁 다가갔다.

손병희는 시치미를 뚝 뗀 채 파수병에게 말을 걸었다.

"너희들은 어디 병사냐?"

"예, 서울 병사입니다."

"서울 병사가 무슨 일로 이곳에 머물러 있느냐?"

"동학군을 체포하라는 상부의 지시를 받고 이곳에 주둔하고 있습니다."

그러자 손병희는 짐짓 성난 표정을 지어 보이며 꾸짖었다.

"그처럼 막중한 명령을 받았다면 분부대로 잘 시행해야지, 동학군 괴수가 이곳에 숨어들었는데 어찌 체포하지 않느냐?"

그러자 파수병은 눈이 휘둥그레져서 물었다.

"동학군 괴수라뇨? 어디에 있는데요?"

"이놈아, 내가 동학군 괴수니라. 이걸 보아라."

손병희는 두루마기에 찍힌 궁을장을 가리켰다.

파수병이 실실 웃으며 말했다.

"에이, 절 놀리지 마십시오. 진짜 동학군이라면 '나 잡아갑쇼' 하며 그런 옷을 입고 다닐 턱이 있습니까? 우리가 잘 근무하고 있는지 살피러 온 고관 나리시죠?"

손병희는 파수병의 등을 툭툭 쳐 주고는 객줏집으로 돌아갔다.

그 파수병이 동료들에게 말했다.

"오늘 밤에는 특히 경계 태세를 엄중히 해야 한다. 동학군 두령으로 가장한 암행 감찰사 일행이 객줏집에 묵고 있으니까."

그 날 밤, 관군들은 객줏집 주위에서 경호까지 서 주었다.

손병희의 기지로 그들 일행은 고달픈 피난길에서 오랜만에 두 다리를 쭉 펴고 잠잘 수 있었다.

마침내 손병희 일행은 감시의 눈길을 뚫고 강원도에 이르렀다. 당분간은 인제에 사는 교도 최영서의 집에 숨어 지내기로 하였다.

그러나 최영서의 집은 살림이 가난하여 일행의 양식을 계속 댈 만한 능력이 없었다.

손병희는 곰곰이 생각에 잠겼다.

'앞으로 얼마나 숨어 살아야 할지 모르는 일. 우리 일행이 적잖은데, 가지고 있는 돈은 얼마 되지 않고 큰일이로구나. 어떻게든 돈을 마련할 방법을 찾아보아야겠다.'

이튿날, 손병희는 장사꾼 차림으로 꾸민 뒤 동생 손병흠을 데리고 길을 나섰다.

손병희가 간성 입진리에 이르러 그곳에서 하룻밤을 묵고 있을 때였다. 그 마을에서 부자로 소문난 윤규칠이란 사람이 손병희를 찾아와서 말했다.

"제가 몰래 당신의 거동을 살펴본즉, 장사꾼이 아니란 확신을 얻었습니다. 필경 귀하신 신분일 텐데 때를 잘못 만나서 궁색해진 것이겠지요. 비록 서로 모르는 사이지만, 당신은 남의 돈을 떼먹을 사람 같지 않아서 천 냥짜리 어음을 가지고 왔습니다. 이 돈을 빌려 드릴

테니 세월이 좋아지면 갚으세요."

일행이 처해 있는 곤궁한 입장을 생각해 보면, 그 돈은 가뭄에 비를 만난 듯 반갑기 짝이 없는 돈이었다.

그러나 뜻밖에도 손병희는 그 돈을 거절했다.

"당신의 호의는 고맙지만, 그 돈을 받을 수 없소."

윤규칠은 손병희를 이해할 수 없다는 듯 고개를 갸우뚱거리며 그냥 돌아갔다.

손병흠이 답답해하는 얼굴로 물었다.

"초면인 사람이 그처럼 큰돈을 빌려 주겠다고 하는 일이 어디 쉬운 일입니까? 틀림없이 우리 일행의 어려운 처지를 헤아려 하늘이 시킨 일일 텐데, 왜 그 돈을 사양하셨습니까?"

"아무 이유도 없이 갑자기 생긴 돈을 덥석 받아 쥐는 것은 상서롭지 못한 일일세. 하늘이 나를 시험해 보는 일일 텐데, 어찌 그 돈을 받겠나."

손병희는 원산으로 가는 도중에 동학군 두령이었던 이종훈과 우연히 만났다. 그들은 함께 원산에 이르렀는데, 그만 여비가 떨어져 버렸다. 손병희는 끼고 있던 안경을 팔아 50냥을 마련했다.

손병희는 손병흠, 이종훈을 불러 놓고 말했다.

"이 돈 50냥이 우리의 전 재산이오. 까먹고만 있을 수는 없으니 이걸 밑천으로 장사를 해 봅시다."

손병희는 돈을 셋으로 나누었다. 이튿날부터 세 사람은 그 돈으로 담뱃대를 사서 가까운 마을을 돌아다니며 팔았다. 며칠 뒤에 계산해 보니 50냥의 순이익이 떨어졌다.

"이거 괜찮은 장사인걸. 잘하면 한밑천 잡을 수도 있겠어."

용기를 얻은 세 사람은 함경도는 물론, 멀리 떨어진 러시아와의 국경까지 가서 장사를 했다.

그 소문을 들은 최시형이 손병희를 불렀다.

"그래, 장사는 잘 되어 가느냐?"

"예, 앞으로는 우리 일행이 돈 걱정을 하지 않아도 될 듯합니다."

손병희는 자랑스레 대답했다.

그러자 손병희의 머리 위로 최시형의 호통이 떨어졌다.

"너는 눈에 보이는 이익만 볼 줄 알고, 네 도력이 상하는 것은 느끼지 못하느냐? 당장 장사를 때려치우고 도를 닦는 데에만 전력하여라."

손병희는 자신의 잘못을 깨닫고 스승에게 용서를 빌었다.

그 뒤, 손병희는 최시형의 곁을 떠나지 않고 공부에만 열중했다. 몇 달이 지나 손병희의 공부에 큰 진전이 있는 것을 보고 최시형은 매우 흡족해했다.

최시형은 늘 자신의 뒤를 이어 교주가 될 후보로 김연국·손천민·손병희를 생각하고 있었다.

1896년 1월, 최시형은 그들 세 사람을 불러 도호를 지어 주었다. 김연국에게는 구암, 손천민에게는 송암, 손병희에게는 의암이라는 도호가 내려졌다.

최시형은 흐뭇한 얼굴로 세 사람을 둘러보며 말했다.

"너희 세 사람이 마음을 합치면, 천하가 동학을 흔들고자 하여도 끄떡하지 않을 것이다. 하지만 너희 셋이 함께 있는 것은 바람직하지 않다. 너희들은 당분간 한데 있지 말고 당분간 흩어져 있도록 해라."

최시형의 생각은 혹시 세 사람 중 한 명이 체포되더라도 나머지 사람들로 하여금 동학을 유지시키기 위한 것이었다.

1897년 12월 24일, 최시형은 다시 세 사람을 불러 놓고 말했다.

"내 예감이 좋지 않다. 가까운 시일 안에 내게 큰 재앙이 닥칠 것이다. 그러니 미리 동학을 이끌어 갈 사람을 정해 두는 것이 좋겠다. 너희 세 사람 가운데 의암을 주장으로 삼을 것이니, 모두 힘을 합쳐 잘 이끌어 가도록 하라."

손병희가 동학의 제3대 교주로 확정되는 순간이었다. 그때 손병희의 나이는 서른일곱 살이었다.

10. 동양의 영웅 이상헌

1898년 4월, 최시형은 강원도 원주에서 관군에게 붙들렸다. 서울로 압송당한 최시형은 두 달 뒤인 6월에 한성 감옥에서 교수형을 당했다.

손병희는 손천민, 김연국 등과 함께 몰래 서울로 잠입하여 경기도 광주의 상하산에 최시형의 유해를 암장하였다.

최시형을 땅 밑에 묻고 난 뒤, 일행은 일단 서울로 돌아가서 앞으로 할 일을 의논하기로 했다.

하늘처럼 우러르던 교주를 제대로 장례 절차도 못 밟은 채 몰래 묻고 떠나는 일행의 발길은 무거웠다. 게다가 추적추적 부슬비까지 뿌려 일행의 마음을 더욱 어지럽게 했다.

손천민이 불쑥 한숨을 길게 내쉬고는 말했다.

"우리가 제대로 스승님을 모시지 못하여 참혹한 형벌로 돌아가시게 하였으니, 무슨 면목으로 하늘과 땅을 보겠습니까? 차라리 우리도 스승님의 뒤를 따라 목숨을 끊는 것이 좋겠습니다."

김연국도 찬성했다.

"내 생각도 마찬가지요. 곳곳에 우리를 잡으려는 눈들이 번뜩이고 있는데 그 지긋지긋한 눈들을 어떻게 피하며, 이런 상황에서 우리의 뜻을 펼칠 날이 언제나 오겠소? 차라리 우리 손으로 자결하고 맙시다."

이에 손병희는 거칠게 머리를 저으며 힘주어 말했다.

"우리가 스스로 목숨을 끊다니 말이 되오? 나도 깊은 산속에 들어가서 중이나 될까 하고 생각해 보았지만, 그것은 스승님에 대한 배반일 뿐이오. 우리는 어떻게든지 살아남아서 스승님의 유업을 이루어야 할 것이오."

손병희의 말에 기운을 되찾은 일행은 다시 걸음을 옮겼다.

손병희 일행은 광나루에 다다랐다. 서울로 들어가려면 그곳에서 배를 타고 한강을 건너야 했다.

그런데 나루터 옆에 있는 주막의 마루에서 포졸 대여섯 명이 노름을 하면서 한편으로는 나룻배를 타려는 사람들을 검문하고 있었다.

"이를 어쩌면 좋지? 여기서 돌아섰다간 저놈들이 수상하게 여기고 쫓아올 텐데……."

"큰일이네. 꼼짝없이 붙잡히게 되었어."

모두들 당황하여 얼굴이 새파랗게 질렸다. 그러자 손병희가 입술에 손가락을 갖다 대며 말했다.

"쉿! 이런 때일수록 태연하게 굴어야 하오. 내가 앞장을 설 테니, 모두 내 뒤를 따라 눈치껏 움직이시오."

손병희는 주저하지 않고 주막으로 들어가서는 포졸들이 들으라고 큰 소리로 외쳤다.

"주모, 여기 술 한 상 근사하게 차려 내오시오!"

그리고 포졸들의 어깨 너머로 노름판을 건너다보며 말했다.

"나도 노름깨나 해 본 사람인데, 참새가 방앗간을 보고서 그냥 지나갈 수 있나? 나도 좀 끼여 주시오."

그러자 포졸들이 손병희를 아래위로 훑어보고는 말했다.

"노름꾼이 사람을 가리겠소? 그래, 노름할 돈은 넉넉히 갖고 있소?"

"노름할 돈도 없으면서 노름판에 끼려고 하겠소? 그 따위 걱정은 말고 어서 판이나 벌입시다."

손병희는 익숙하게 노름꾼 행세를 했다. 젊었을 때 청주의 장터 거리에서 실컷 경험했던 일이라 조금도 서투를 턱이 없었다.

노름판이 한창 무르익었을 때였다.

갑자기 손병희는 판 위에 수북이 쌓인 돈을 움켜쥐고는 일행을 뒤돌아보며 소리쳤다.

"무엇들 하느냐? 어서 이놈들을 묶어라!"

그러자 소스라치게 놀란 포졸들은 정신없이 사방으로 흩어져 달아났다.

손병희는 그들의 등 뒤에 대고 고래고래 고함을 질렀다.

"잡으라는 동학군은 잡지 않고, 엉뚱하게 노름판을 벌여 행인들의 주머니나 털고 있다니……. 고약한 놈들! 한 놈도 놓치지 말고 모조리 잡아들여 목을 베어라!"

어느새 포졸들의 모습은 하나도 보이지 않았다. 그들은 손병희가 암행어사라도 되는 줄 알았던 것이다.

"허허허, 우리를 잡으려는 놈들의 돈을 우리를 위해 쓰는 것도 꽤 재미있는 일이 되겠는걸."

손병희는 유쾌하게 웃으며 돈을 주머니에 집어넣었다.

그렇게 하여 손병희 일행은 별다른 어려움 없이 한강을 건널 수 있었다.

손병희는 여러 번 목숨이 위험한 일을 겪으면서도 잘 숨어 다녔다. 그러면서도 산산이 부서진 동학의 조직을 회복하는 데 온 힘을 기울였다.

그러나 조정에서는 동학에 대한 탄압을 그치지 않았다.

1900년 8월, 조카 손천민이 처형당했으며, 전국 각지에서 수천 명의 동학 교도들이 체포되어 목숨을 잃었다.

이듬해 1월, 손병희는 중대한 결단을 내렸다.

'이 나라 안에서는 내 뜻을 펴 볼 길을 찾을 수 없다. 이 기회에 나라 밖으로 나가서 세계 정세를 살피고, 나라를 구할 다른 방법을 찾아보자.'

손병희는 우선 동생 손병흠, 제자 이용구와 함께 일본으로 향했다.

일본으로 떠나기 전에 손병희는 이름을 이상헌으로 바꾸었다. 자신의 이름을 그대로 사용했다가는 조정 관리들이 여러 가지로 방해를 할 것이 걱정되어서였다.

원래 손병희의 계획은 미국으로 갈 예정이었다. 그러나 생각대로 여비가 마련되지 않아서 한동안 일본의 오사카에 머물렀다.

그 뒤, 손병희는 중국의 정세를 살피기 위해 상하이로 건너가 이상헌이라는 이름으로 행세했다.

어느 날, 상하이의 한 음식점에서 중국의 지도자 쑨원이 베푸는 연회가 열렸다.

손병희도 그 연회에 참가했다. 그 자리에는 뒷날 중화민국의 총통이 된 장제스를 비롯하여 유명한 정치가들이 많이 모였다.

식탁 위에는 여러 가지 먹음직한 서양 요리들이 잔뜩 차려져 있었다. 서양 요리를 먹는 데 익숙하지 않은 참석자들은 포크와 나이프를 어색하게 놀리며 진땀을 흘리고 있었다.

손병희는 남들이야 어찌하든 아랑곳없이 맨손으로 통닭 요리를 집어들고 씩씩하게 먹었다.

모든 사람들의 시선이 손병희에게 집중되었다. 그들의 눈빛 속에는 비웃는 기색이 역력했다.

그때, 쑨원이 자리에서 일어나 말했다.

"여러분, 음식을 먹을 수 있는 자는 산 사람이요, 음식을 먹을 수 없는 자는 죽은 사람입니다. 그렇다면 이 자리에서 살아 있는 사람은 조선에서 오신 이상헌 선생 한 분뿐이라고 해야 할 겁니다. 우리는 동양인이면서도 서투른 서양인 흉내를 내고 있으니 송장과 다를 바 없소이다. 송장 같은 우리들이 산 사람을 보고 비웃다니 참으로 부끄러운 일입니다."

쑨원의 말에 모든 사람들이 부끄러워 고개를 들지 못하였다.

그런데 상하이도 손병희가 오래 머무를 곳은 못되었다. 우리 조정의 부탁을 받은 중국 관리들이 망명해 온 애국지사들을 마구 잡아들였기 때문이었다.

1901년 11월, 손병희는 몰래 황해도로 숨어들었다.

황해도의 동학 접주들과 만난 자리에서 손병희는 이렇게 자기의 생각을 털어놓았다.

"해외에 나가 보니, 오늘날 우리 나라의 문명이 세계의 다른 나라보다 뒤떨어져 있다는 걸 새삼 알게 되었소. 비록 뒤늦은 감이 있지만, 우리도 우수한 젊은 인재들을 선발하여 외국으로 보내어 선진 과학 문명을 배워 오게 해야 합니다. 우리 동학이 그 일에 앞장서도록 합시다."

손병희는 이미 교육의 중요성을 뼈저리게 느끼고, 젊은이를 잘 가르치는 것이야말로 어려움에 처한 우리 나라를 구할 수 있는 근본적인 대책이라는 것을 깨닫고 있었다.

손병희의 지시에 따라 동학에서는 두 차례 유능한 젊은이들을 선발하여 일본으로 유학을 보냈다. 한국 현대 문학의 선구자인 이광수도 천도교에서 보낸 유학생들 가운데 한 사람이었다.

손병희는 망명 생활의 대부분을 일본의 수도 도쿄에서 보냈다.

일본에 머무르는 동안 손병희는 오세창, 권동진, 박영효 등의 망명 지사들과 사귀었다. 그러나 철저히 자신의 정체를 숨겼기 때문에 누구도 이상헌이 동학의 3대 교주인 손병희라는 사실을 모르고 있었다.

도쿄는 세계 각국의 정치가들이 모여 있는 곳이었다. 그들의 입을 통해 조선에서 온 이상헌이 호방하고 큰 뜻을 지닌 인물이라는 평판이 나돌았다.

그 소문은 이토 히로부미의 귀에까지 들어갔다.

이토 히로부미는 일본의 총리대신을 지낸 거물 정치가로, 일본이 우리 나라를 합병하는 데 길을 닦은 인물이다. 그래서 뒷날 안중근 의사가 쏜 총에 목숨을 잃게 된다.

'이상헌이라는 자가 누구인지는 몰라도, 소문을 종합해 보면 뛰어난 인물임에 틀림없다. 그를 불러 잘 관찰해 두는 것이 좋겠다.'

이렇게 생각한 이토 히로부미는 사람을 시켜 이상헌을 초대했다.

손병희가 이토 히로부미를 찾아갔을 때, 공관 주위에는 수많은 경비병들이 배치되어 삼엄하게 경계를 하고 있었다.

손병희는 코웃음을 쳤다.

'흥, 이렇게 하면 내가 잔뜩 겁을 집어먹으리라고 생각한 모양이지. 어림없다. 조선 남아의 기개를 보여 주마.'

손병희는 태연자약하게 경비병들 사이를 지나갔다.

창문의 커튼 사이로 그 모습을 훔쳐보던 이토 히로부미는 속으로 혀를 찼다.

이토 히로부미는 손병희와 반갑게 인사를 나눈 뒤 말했다.

"예로부터 영웅호걸은 술을 잘 마신다고 했소. 우리 누가 술이 센지 시합해 봅시다."

두 사람은 술잔을 주거니 받거니 하면서 이런저런 이야기를 나누었다.

시간이 지날수록 이토 히로부미는 정신이 몽롱해지는 데 반하여 손병희는 꼿꼿하게 앉은 자세가 조금도 흐트러지지 않았다. 마침내 이토 히로부미는 술에 취하여 곯아떨어지고 말았다.

그러나 손병희는 술을 더 청하여 마시고, 요리까지 가져오게 하여 깨끗이 그릇을 비운 다음 유유히 그 자리를 떠났다.

다음 날 아침, 술이 깬 이토 히로부미는 하녀에게서 그 이야기를 듣고 한탄하며 중얼거렸다.

"동양에서 내가 제일 영웅인 줄 알았더니, 나보다 나은 사람이 조선에 있었구나."

이 일은 곧 도쿄의 정계에 소문이 되어 퍼졌고, 이상헌의 명성은 더욱 높아졌다.

어느 날, 손병희는 마차를 타고 도쿄 거리를 지나다가 우연히 의친왕 일행과 마주쳤다.

의친왕은 고종의 다섯째 아들로, 강직하며 드높은 기개를 지닌 인물로 알려져 있었다.

손병희는 평소 의친왕에 대해 좋은 감정을 지니고 있던 터라 얼른 마차에서 내려 공손하게 인사를 드렸다.

그러자 한국인 시종이 의친왕에게 영어로 무어라고 말했다.

이것을 본 손병희는 울컥 화가 치밀었다.

"이놈! 조선의 왕족을 모시는 조선 사람으로서, 우리말을 두고 어째서 외국 말을 쓰느냐? 너 같은 놈이 있기에 오늘날 우리 나라가 이 꼴이 된 것이다."

손병희의 목소리는 분노에 차서 벌벌 떨렸다.

이 광경을 지켜보고 있던 의친왕이 손병희의 손을 잡으며 말했다.

"당신의 말이 옳소. 내가 대신 사과할 테니 이 사람을 용서해 주시오."

의친왕은 첫눈에 손병희를 존경하게 되었다.

의친왕은 그 뒤 몇 번 손병희를 만나서 동학의 교리를 전해 듣고는 깊이 감복하였다. 게다가 나중에는 비밀리에 입교식을 치르고, 손병희를 사부의 예로 대하기도 하였다.

11. 동학을 천도교로

1904년 2월, 러시아와 일본 사이에 전쟁이 일어났다. 우리 나라를 서로 차지하려고 일으킨 전쟁이었다.

이러한 사태를 나라 밖 일본에서 지켜보아야 하는 손병희는 가슴이 아팠다.

'우리 나라가 이리와 늑대 사이에 놓인 토끼처럼 처량한 신세가 된 것은 변화하는 세계 정세에 슬기롭게 대처하지 못한 탓이다. 이제 낡고 그릇된 것은 버리고, 새롭고 좋은 것은 과감히 받아들여야 한다.'

손병희는 우선 동학부터 근대적인 종교로 개혁해야겠다고 마음먹었다. 그래서 첫 번째 조처로 동학 교도들에게 상투를 자르고 머리를 짧게 깎으라는 지시를 내렸다.

손병희는 또한 국민 전체의 생각을 바꿀 수 있도록 계몽 단체가 필요하다고 생각했다. 그래서 우리 나라를 근대화하는 혁신 운동의 방안으로 동학을 주축으로 한 진보적인 사회 운동 단체를 만들려고 구상하였다.

이에 따라 발족된 단체가 진보회였다.

손병희는 가장 신임하고 있던 제자 이용구에게 진보회의 운영을 맡겼다.

그러나 손병희의 기대와는 달리, 이용구는 겁이 많고 교활하며 욕심이 많은 인물이었다. 진보회 회장으로 임명된 이용구는 자신의 앞날이 어떨지 정세를 살피는 데만 급급하였다.

조정에서는 진보회가 동학에 의해 조직된 단체라는 사실을 알아내고 대대적인 탄압을 할 기미를 보이고 있었다.

'이거 큰일 났는걸. 자칫하다가는 내 목이 잘려 장대 끝에 걸리고 말겠어.'

이용구의 등에서 식은땀이 주르르 흘러내렸다.

그때, 일진회란 모임을 이끌고 있던 송병준이 이용구를 찾아왔다.

"지금 이 나라에서 가장 센 힘을 가진 것은 일본 세력이오. 우리 일진회는 일본이 뒤에서 밀어주고 있는 단체요. 일진회와 진보회를 합쳐 하나로 만드는 것이 어떻겠소? 그러면 반드시 당신한테 좋은 일이 있을 것이오."

송병준의 꾐에 넘어간 이용구는 진보회를 일진회에 바치고 말았다. 송병준이 진보회를 흡수한 이유는 진보회가 동학에 의해 만들어졌기 때문이었다.

두 단체가 합병된 후, 송병준은 마치 일진회가 동학의 정통성을 지닌 단체인 것처럼 선전했다. 그래서 자세한 내막을 알 리 없는 수많은 동학 교도들이 일진회에 가입하게 되었다.

  1905년 러·일 전쟁은 결국 일본의 승리로 끝나고 말았다. 일본은 그 기세를 타서 우리 나라의 외교권을 빼앗고 실질적으로 자기들이 주인 행세를 할 계획을 세웠다. 이용구와 송병준은 일진회의 이름으로 일본의 보호를 찬성한다는 성명서를 발표했다.

  크게 노한 손병희는 이용구를 불러들였다.

  "너는 우리 교도들의 뜻도 묻지 않고, 네 멋대로 진보회를 일진회와 합병시켰다. 게다가 우리 나라가 일본의 보호를 받는 데 찬성한다는 성명서도 발표하였어. 도대체 무슨 생각을 하고 있기에 이러는 것이냐?"

  "선생님, 딴 뜻은 결코 없습니다. 우리 나라는 스스로를 지킬 만한 힘을 지니고 있지 못합니다. 그러니 일본처럼 강한 나라의 도움을

받아야 독립을 유지할 수 있을 것입니다."

손병희는 어처구니가 없어 큰 소리로 꾸짖었다.

"제 스스로 서는 것이 독립이지, 남의 보호를 받는 것이 무슨 독립이란 말이냐? 너는 어찌하여 나라를 팔아먹은 놈이란 소리를 듣고자 하느냐?"

손병희가 타일러도 이미 마음이 돌아선 이용구는 태도를 바꾸려고 하지 않았다.

오히려 이용구는 자기가 동학의 지도자인 양 행세하며 동학의 이름을 팔아 갖은 나쁜 짓을 저질렀다.

'아! 내게 사람을 제대로 볼 줄 아는 눈이 없었구나. 나의 실수로 동학에 큰 피해를 입혔으니, 장차 죽어 수운, 해월 두 분을 어찌 뵙는단 말인가?'

손병희는 가슴을 치며 탄식했다. 그러나 이미 엎질러진 물을 다시 주워 담을 수는 없는 일, 더 피해가 커지기 전에 대책을 세워야 했다.

그러던 중, 1905년 11월에 을사조약이 체결되었다.

손병희는 더 이상 참을 수 없어서 개혁의 칼날을 뽑아 들었다.

1905년 12월 1일, 손병희는 동학을 '천도교'라는 이름으로 고쳐 세상에 선포했다. 그리고 교단의 갖가지 제도를 정비하게 하여, 새로운 민족 종교로 발전하는 기틀을 마련했다.

이 일이 있고 나서 여러 가지 좋은 일이 잇따랐다.

이전의 동학과 달리 천도교가 공개적으로 종교 단체임을 선언하고 나오자, 정부로서는 더 이상 탄압할 명분을 잃고 말았다. 세계 대부분의 국가들이 법으로 종교의 자유를 보장하고 있는 추세를 외면할 수 없기 때문이었다.

이제까지 주문 한 번 마음 놓고 소리 내어 외지 못했던 교도들은 기쁨의 눈물을 흘렸다.

교주인 손병희도 이제 목숨의 위협을 받지 않고 세상에 모습을 드러낼 수 있게 되었다.

하루는 망명 중인 권동진, 오세창, 양한묵이 손병희를 찾아와서 물었다.

"동학이 천도교로 바뀌었다는데, 교주가 누구인지 아십니까?"

"손병희지요."

"그분은 지금 어디 계신가요?"

"바로 당신들 눈앞에 앉아 있잖소."

세 사람은 깜짝 놀라 동시에 소리쳤다.

"아니, 선생님의 성함은 이상헌이 아닙니까?"

"사람의 이름이야 사람이 짓는 것 아닙니까? 때에 따라 이렇게도 지을 수 있고, 저렇게도 지을 수 있는 일이니 너무 이상하게 생각지 마시오."

"전부터 뛰어난 분이라고 존경하고 있었는데, 역시 천도교의 교주님이셨군요."

세 사람은 감격한 표정으로 새삼스럽게 손병희의 얼굴을 바라보고 또 바라보고 했다.

이윽고 세 사람은 옷깃을 여미며 정중하게 절한 뒤 천도교에 입교하는 것을 허락해 달라고 부탁했다. 손병희는 그들의 청을 기쁘게 들어주었다.

이 세 사람은 후에 천도교의 최고 간부로 활약하였으며, 모두 독립 선언서에 민족 대표로 이름이 올랐다.

그 날, 일본의 여러 신문에는 '옛날의 이상헌이 오늘의 손병희'라는 제목의 기사가 크게 실렸다.

1906년 1월 5일, 부산 부두는 3만 명이 넘는 사람들로 발을 들여놓을 틈이 없을 지경이었다. 5년 만에 귀국하는 천도교 교주 손병희를 환영하기 위해 나온 사람들이었다.

배의 갑판 위에 서서 환영 인파를 바라보는 손병희의 두 눈에서는 뜨거운 눈물이 흘러내렸다.

성대한 환영식이 끝난 뒤, 손병희는 제자들에게 둘러싸였다.

한때 원산에서 담뱃대 장사를 함께 했던 이종훈이 손병희에게 물었다.

"선생님께서는 여러 해 동안 외국에서 사셨습니다. 멀리서 조국을 바라보며 어떻게 하면 혼란한 이 세상을 바로잡을 수 있다고 생각하셨습니까?"

"다른 방법이 없지요. 오직 하늘을 뜯어고치는 수밖에 없다고 생각하였소."

"그게 무슨 말씀인지요? 무슨 수로 하늘을 뜯어고친단 말입니까?"

"사람이 곧 하늘이다, 이게 우리 교의 가르침 아니오? 지금 이 세상이 혼란한 것은 사람의 마음이 혼란하기 때문이니, 먼저 사람의 마음부터 안정시켜야 된다는 뜻이오."

그 말 속에는 동학을 배신하고 일본의 앞잡이 노릇을 하고 있는 이용구 일파에 대한 비난의 뜻도 담겨 있었다.

한편 이용구는 곧 손병희로부터 출교(교단에서 쫓아냄) 처분을 당할 것임을 짐작했다.

이용구는 송병준과 의논하여 꽤 많은 금액의 돈을 마련했다. 돈으로 손병희의 환심을 사고자 했던 것이다.

이용구는 송병준과 함께 손병희를 찾아와서 돈을 꺼내 놓으며 말했다.

"선생님, 이 돈을 천도교 사업에 써 주십시오. 앞으로 하실 일이 많을 텐데, 그러자면 돈이 필요하실 것 같아서 저희가 조금 구해 왔습니다."

손병희는 이용구를 무서운 눈으로 노려보았다. 그러나 이용구는 태연하게 앉아서 웃고 있었다. 그 모습이 너무나 역겨워 손병희는 돈 뭉치를 이용구의 얼굴에 던지며 소리쳤다.

"이놈아, 이 돈이 어디에서 나왔는지 내가 모를 줄 아느냐? 나라를 판 대가로 일본 놈들한테서 받은 돈이겠지. 그래, 나더러 나라를 판 돈으로 교단을 운영하란 말이냐? 꼴도 보기 싫으니 썩 내 눈앞에서 사라져라!"

손병희의 불호령에 두 사람은 기겁을 하고 도망쳐 버렸다.

손병희는 마지막으로 한 번 더 이용구에게 마음을 돌릴 기회를 주고 싶었다. 그래서 이용구를 불러 간곡히 타일렀다.

"여보게, 이제 일진회가 매국 행위를 하고 있다는 것을 세상 사람들이 모두 알고 있네. 더 이상 세상 사람들의 미움을 사지 말고, 일진회를 탈퇴하여 도를 닦는 데에만 힘쓰도록 하게. 설령 그대들의 도움을 받아 일본이 우리 나라를 삼키게 되었다고 가정해 보세. 나라가 없어졌는데 일진회인들 남아날 것 같은가?"

그러나 이미 권세와 이익의 달콤한 맛에 눈이 먼 이용구는 손병희의 말을 들으려고 하지 않았다.

어쩔 수 없이 손병희는 극단적인 조치를 취하지 않을 수 없었다.

1906년 9월 13일, 손병희는 이용구를 비롯하여 일진회에 가담한 간부급 60여 명에게 출교 처분을 내렸다.

손병희로서는 참으로 가슴 아픈 일이었다.

그러나 그 지경이 되고서도 이용구는 반성하기는커녕 더욱 악랄한 짓을 서슴지 않았다. 손병희에 대한 온갖 나쁜 말을 지어내어 퍼뜨리는 한편, 감언이설로 천도교 교도들을 꾀어 일진회에 들게 하였다.

심지어는 천도교의 재정을 맡은 엄주동마저 이용구의 편에 붙고 말았다. 엄주동은 진보회를 만들면서 손병희가 일체의 재정 업무를 맡긴 사람이었다. 엄주동은 일진회로 가면서 천도교의 재산을 모두 이용구에게 바쳤다. 그 바람에 천도교 교단은 심한 재정난에 시달리게 되고 말았다.

간부들이 손병희를 찾아와서 말했다.

"이용구와 엄주동은 도둑놈들입니다. 그들을 고발하고, 재판을 해서라도 우리 천도교의 재산을 되찾아야만 합니다."

그러나 손병희는 고개를 저었다.

"안 될 말이야. 지금 천도교와 일진회로 갈려서 싸우는 바람에 많은 사람들이 걱정하고 어찌할 바를 모르고 있네. 또, 신성해야 할 종교 단체가 돈 문제로 싸우는 모습을 보이는 것도 바람직한 일이 못 되지."

"하지만 당장 돈이 없어 우리 교단의 사업을 하나도 해 나갈 수 없게 되었습니다. 교주님의 양식도 대어 드리기 어려운 처지가 되고 말았지 않습니까?"

"기다려 보시오. 내게도 생각이 있으니까."

천도교에 닥친 재정난을 해결하기 위해 손병희가 떠올린 것이 성미 제도였다.

성미 제도란 교도들이 끼니때마다 쌀을 한 숟갈씩 아껴 두었다가 교단에 바치는 것을 말한다. 동학 농민 운동 당시 군자금을 모으는 데 큰 힘이 되었던 것이 성미 제도였다.

손병희는 옛일을 되살려 다시 성미 제도를 실시했다.

교도 개개인에게는 큰 부담이 되지 않으면서도, 전국의 백만 교도들이 바친 쌀을 합치면 큰 재산이 되었다.

교도들은 기꺼이 성미를 모아서 바쳤다. 이렇게 하여 천도교는 어려운 고비를 무난히 넘길 수 있었다.

12. 어둠 뒤에 어둠이 계속되고

천도교에서 쫓겨난 이용구는 그러나 호락호락 물러서려고 하지 않았다.

그는 함께 쫓겨난 60여 명과 함께 일진회 활동을 하는 한편 '시천교'라는 종교를 새로 만들었다. 정치 단체의 성격을 띤 일진회와는 달리 종교 단체로서의 교단을 설립한 것이다.

이용구는 시천교야말로 동학을 계승한 진짜 종교라면서 대대적인 선전을 했다. 자세한 내막을 알지 못하는 동학 교도들은 시천교와 천도교 사이에서 어느 쪽을 좇아야 할지 몰라 갈팡질팡했다.

이용구 등 배신자들을 추방하였지만, 손병희의 마음은 홀가분해지지 않았다.

믿고 사랑했던 제자의 배신도 가슴 아픈 일이었지만, 점점 기울어가는 나라의 운명이 손병희를 더 울적하게 했다. 손병희의 얼굴에서는 웃음이 사라졌다.

눈앞에 해야 할 일들이 쌓여 있는데도 의욕이 생기지 않자, 손병희는 다른 사람에게 대도주(교주) 자리를 넘겨주는 것이 좋겠다고 생각했다.

1907년 8월, 손병희는 대도주 자리를 김연국에게 넘겼다.

김연국은 최시형이 손병희, 손천민과 함께 동학의 3대 지도자로 지목한 바 있었던 바로 그 사람이다. 손천민은 이미 처형당해 죽었으므로 대도주 자리를 맡을 사람은 당연히 김연국밖에 없었다.

그러나 손병희는 대도주 자리에서 물러나고도 교단 일에서 완전히 손을 뗄 수가 없었다. 모든 일들이 손병희의 판단을 필요로 하고 있었기 때문이었다. 김연국은 대도주가 되어서도 모든 일을 손병희와 의논한 뒤 처리했다.

교활한 이용구는 그런 사정을 눈치채고 김연국을 꼬드겼다.

"선생님도 의암과 똑같은 해월 스승의 수제자요, 최고 지도자 아닙니까? 그런데 의암 밑에서 기를 못 펴고 있으니 참으로 보기 딱합니다. 의암이 선생님께 대도주의 자리를 물려주고서도 여전히 모든 일을 자기가 간섭해 처리한다니 선생님은 도대체 무엇입니까? 의암 밑에서 굴욕을 당하지 말고, 우리 시천교로 오십시오. 우리는 기꺼이 선생님을 최고 지도자로 모시겠습니다."

김연국은 귀가 솔깃했다. 손병희가 있는 한 천도교 안에서는 제대로 교주 구실을 하지 못하리라는 생각이 들었다. 결국 그는 시천교로 가고 말았다.

손병희에게는 이용구에 이어서 또 한 번 당하는 가슴 아픈 배반이었다.

손병희는 길게 한숨을 내쉬며 한탄했다.

"내게 덕이 부족하여 이런 일이 자꾸 생기는가? 내 아픔은 혼자 삭이면 되지만, 천도교가 겪는 불행은 어찌할꼬."

1908년 1월 18일, 손병희는 대도주 자리를 춘암 박인호에게 물려주었다. 다섯 달 만에 교단 조직을 개편해야 하는 손병희의 마음은 슬프고 아팠다.

그러나 손병희는 금방 마음을 추스렸다.

'불쌍한 것은 배신당한 내가 아니다. 어찌 생각하면 이용구나 김연국이 더 동정을 받아야 할 사람들이다. 그들의 신앙이 약했기 때문에 쉽게 유혹에 넘어간 것이 아닌가?'

손병희는 혼란스러운 시기일수록 천도교의 역할이 더욱 중요하다는 것과 교도들에게 강한 신앙심을 키워 줄 필요성을 느꼈다.

교단의 정비가 끝나자, 손병희는 전국을 돌며 교도들에게 설교를 하기 위해 긴 여행길에 올랐다.

2월과 3월에는 황해도와 평안도의 각지를 돌며 설교를 했다. 가는 곳마다 손병희는 교도들의 열렬한 환영을 받았다.

3월 어느 날, 손병희는 평안도 철산에서 설교를 마치고 여관에 묵고 있었다.

그때, 한 무리의 사람들이 쳐들어와서 다짜고짜 욕을 해 대며 마구 행패를 부렸다. 그들은 천도교와 일진회를 잘 구별하지 못하여 손병희를 송병준과 같은 매국노로 오해하였던 것이다.

이 일로 손병희는 부상을 입고 닷새나 병원에 누워 있어야 했다.

천도교 본부에서는 그들을 고발하여 벌을 받게 해야 한다고 야단이 났다. 문병 온 사람에게서 그 이야기를 전해 들은 손병희가 극구 말렸다.

"그런 짓을 해서는 안 되네. 그들은 나를 매국노라고 여기고 그렇게 한 거야. 매국노는 맞아 죽어도 할 말이 없는 사람들 아닌가? 나는 오히려 그들에게 상이라도 주고 싶네."

손병희는 자기를 배신한 사람들의 얼굴을 떠올렸다. 배신당한 상처만도 쓰라리기 짝이 없는데, 또 그들 때문에 부상까지 당했다고 생각하니 쓴웃음이 나왔다.

일본은 일진회를 앞세워 우리 나라를 삼키는 작업을 차근차근 진행해 나갔다. 외교권과 행정권의 박탈, 우리 군대의 해산, 경찰권과 사법권의 박탈 같은 일을 차례로 해 나갔다.

1910년 8월 29일, 일본은 매국노들을 상대로 몰래 체결해 두었던 한일 병합 조약을 발표하였다.

나라가 망한 것이다. 4천 년 역사를 자랑하던 우리 나라가 야만이라며 경멸했던 섬나라 일본의 지배를 받게 된 것이었다.

국권 피탈 소식을 전해 들은 천도교 간부들이 손병희 집으로 몰려와서 땅을 치며 통곡하였다.

손병희도 괴로웠다. 그러나 그들과 함께 피눈물을 흘리며 통곡한다고 해서 나라의 운명을 되돌릴 수는 없는 일이었다.

손병희가 무겁게 입을 열었다.

"모두들 진정하게나. 나라가 망한 것이 어찌 오늘 일인가? 5년전 을사조약이 체결되었을 때 벌써 망한 거야. 이미 망한 것을 이제 와서 슬퍼한들 어쩌겠나? 뒷날 나라를 다시 일으킬 때가 반드시 있을 테니, 우리는 그 준비를 하세나."

손병희는 슬픔에 빠져 있을 여유가 없다고 생각했다. 곧 일본의 가혹한 탄압이 들이닥칠 것이고, 그에 굴복하지 않으려면 마음의 대비를 단단히 해 두어야 한다는 생각만이 머릿속에 가득 차 있었다.

초대 총독으로 부임해 온 데라우치는 헌병과 경찰의 힘을 이용한 무단 통치를 실시하였다. 그는 일진회를 비롯한 모든 사회 단체를 해산시키고, 일체의 정치적 모임을 금지하였다.

천도교로서는 이 조치가 유일한 한줄기 빛으로 작용했다. 일진회가 해체되자 덩달아 시천교도 세력을 잃게 되었고, 그 덕분에 시천교에 빼앗겼던 많은 교도들을 되찾을 수 있었다.

그러나 천도교에 도움이 되는 일만 있을 턱이 없었다. 비록 종교 단체이기 때문에 손을 대지는 못했지만, 일본 침략자들은 천도교가 그들에게 호의적인 태도를 갖고 있지 않다는 사실을 오래전부터 잘 알고 있었다.

곧 천도교에 대한 박해가 시작되었다. 그 첫 화살은 손병희에게 날아왔다.

1901년 4월 1일, 손병희는 일본군 제2헌병 분대장 무라다 중위의 호출을 받고 헌병대 사무소로 갔다. 그들은 일부러 하급 장교로 하여금

한 나라의 최고 종교 지도자를 상대하게 함으로써 천도교쯤은 안중에도 없다는 뜻을 보이려고 했다.

손병희가 방 안으로 들어오자마자, 무라다 중위는 트집을 잡았다.

"손 선생, 당신은 이 나라의 왕이오, 백성이오? 그 호사스런 옷차림이 보기에 아니꼬운 생각이 듭니다."

"그게 왜 못마땅하지요? 내 돈으로 내 마음대로 하는데 무슨 잘못이 있소?"

무라다 중위가 주먹으로 책상을 쾅 내리쳤다.

"그럼 그 돈은 어디서 나오는 거요? 성미 제도니 뭐니 해서 가난한 백성들한테서 뜯어낸 돈 아니오?"

"성미 제도는 우리 교단이 오래전부터 시행해 오던 제도요. 종교도 살림을 꾸려 나가려면 돈이 필요하고, 그래서 교도들이 바친 돈을 쓸 뿐이오."

"이름만 성미 제도지, 교도들한테서 세금을 받는 것과 마찬가지 아니오? 세금을 매기고 거둘 수 있는 권리는 오직 천황 폐하 한 분만 가지고 있소. 당장 성미 제도를 폐지하시오."

손병희는 기가 막혔다. 성미 제도를 없앤다는 것은 천도교의 돈줄이 끊기는 것을 뜻했다.

그러나 손병희는 저항해 보아야 소용없다는 것을 잘 알고 있었다.

'그 동안 비축해 둔 돈이 있으니 당분간은 버틸 수 있어. 잘 궁리해 보면 다른 좋은 방법이 생길 거야.'

이런 생각에 손병희는 순순히 성미 제도를 폐지하겠다는 서약서에 도장을 찍었다.

그러나 헌병대 사무소를 나서는 손병희의 마음은 무겁고 어두웠다.

손병희는 약속을 지켜 전국의 각 교구에 성미 제도를 폐지하라는 공문을 보냈다. 대신 교도들의 성금과 헌납을 받아들이게 했다.

교도들은 성미 제도 폐지가 일본의 탄압 때문이라는 사실을 잘 알고 있었다. 그래서 전보다 더 많은 액수의 성금과 물품들을 교단에 냈다. 그래서 천도교의 재정 상태는 전보다 더 풍족해지게 되었다.

성미 제도를 폐지시킨 것이 엉뚱한 결과로 나타나자 일본 관리들은 당황했다. 그러나 그 정도로 물러설 그들이 아니었다. 일본의 탄압은 더욱 가혹해지기만 했다.

12월의 어느 날, 손병희는 남산에 있는 총독 청사로 불려 갔다. 데라우치 총독이 직접 상대하여 손병희의 기를 꺾어 놓을 작정이었다.

손병희는 천장이 높고 널찍한 총독실로 들어갔다. 손병희가 방에 들어왔는데도 총독은 앉은 자리에서 일어나지 않고 그를 빤히 바라보기만 했다.

이윽고 총독이 느릿느릿 입을 열었다.

"손 선생, 당신은 백만 교도를 거느리고 있는 대표자요. 또 일본에서 여러 해를 살았던 것으로 알고 있소. 그런 사람이 예의를 지킬 줄도 모르시오?"

"무슨 말씀이신지? 무엇이 예의에 어긋난다는 겁니까?"
"방 안으로 들어올 때에는 당연히 외투를 벗었어야죠."
그런데 그 말을 하는 총독 역시 외투를 입은 체였다.
'어떻게든 꼬투리를 잡으려고 하다 보니 이 자의 정신이 나간 모양이구나. 자기가 외투를 입었는지 벗었는지도 모르다니……'
손병희는 웃음이 터져 나오려는 것을 억지로 참고 점잖게 대꾸하였다.
"우리 조선 풍속에는 주인이 하는 대로 따르는 것을 예의라고 생각합니다. 나더러 예의를 모른다고 했는데, 주인이 외투를 입고서 손님을 대하는 것이 일본의 예의요? 그것도 자리에 앉은 채로 말이오."
그제야 총독은 자기가 입고 있는 외투를 멍하니 바라보았다. 그는 실수를 저지른 것을 깨닫고는 웃음으로 얼버무리려 하였다.
"하하하, 우스갯소리를 해 보았을 뿐이오. 오늘은 날씨가 참 춥습니다그려."
"네, 아주 추운 날씨지요. 그래, 무슨 일로 부르셨소? 이토록 추운 날씨에 부른 걸 보면 아주 중요한 용건이 있으실 테죠?"
"아, 그런 건 아니오. 이렇게 서로 만나는 기회를 가져 두어야 앞으로 친하게 지낼 것 아닙니까?"
이 말에 손병희는 정색을 하고 말했다.
"이곳은 공적인 일을 하는 장소 아니오? 서로 사귀기 위해서라면 따로 자리를 마련하는 것이 옳다고 생각하오."

총독은 얼굴이 벌게졌다.

손병희는 이 기회에 총독이 천도교의 운영에 간섭하고 나서는 일이 없게 쐐기를 박아 두는 것이 좋겠다고 생각했다.

"그리고 아까 나더러 백만 교도의 대표자 운운하셨는데, 정확히 말하자면 우리 동학 교도의 숫자는 삼백만이오. 내가 잘났다고 자랑하기 위함은 아니니 오해하지 마시오. 아무튼 삼백만 명 이상을 대표하는 사람에게 뚜렷한 볼일도 없이 오라 가라 하는 것은 잘못된 일이라고 생각하오."

"손 선생, 그저 우리가 친하게 지내는 것이 좋겠다고 생각해서 한 일이니 너무 언짢아하지 마시오. 어쨌든 전부터 궁금하게 생각해 온 일이 한 가지 있는데 물어보겠소."

손병희는 긴장한 채 총독의 입에서 무슨 말이 나올지 기다렸다.

"갑오년에 동학 교도들이 난리를 일으키지 않았소? 그때 우리 일본 군인들이 많이 목숨을 잃었소. 종교를 믿는 사람들이 무기를 들고 싸우러 나선다는 게, 내 생각에는 잘 이해가 되지 않는데 선생의 생각은 어떻소?"

손병희는 곧 총독의 의도를 알아차렸다. 총독은 동학의 후신인 천도교가 앞으로도 일본에 적대적인 태도를 취할 것인지 알고 싶어하고 있었다.

손병희는 잠시 망설였다. 일본에 대해 협조적인 태도를 취하겠다고 한다면 천도교에 대한 탄압이 줄어들 것이 틀림없었다.

그러나 손병희는 자신의 생각을 사실대로 말하기로 결정했다.

"나라가 위기에 처했을 때, 나라를 위해 싸우러 나가는 것은 백성으로서의 의무요. 천도교 교도라고 해서 나라의 백성이 아닙니까? 만약 일어서야 할 때가 있다면 당연히 그때와 똑같이 할 겁니다."

총독의 얼굴이 일그러졌다.

"오늘 만나 뵈어 반가웠소. 그만 돌아가시오."

손병희는 더욱 심해질 일본의 탄압을 예상하며 지그시 입술을 깨물었다.

13. 교육이 나라를 살리는 길

　손병희는 우리 나라가 일본에 국권 피탈된 상황에서도 절대로 절망에 빠지지 않았다. 언젠가는 나라를 되찾을 수 있다는 희망을 지니고 있기 때문이었다.

　손병희는 전에 일본에 있을 때, 일본의 교육 제도를 유심히 살펴보았었다.

　'일본이 청나라나 러시아와 같은 큰 나라를 이길 수 있었던 것은 군사력이 우수해서가 아니다. 발전된 신식 교육 제도와 국민들의 뜨거운 교육열 때문이다.'

　손병희는 그렇게 결론을 내리고, 나라를 강하게 만드는 길은 교육에 있다는 확신을 얻었다.

　일본에서 돌아오던 해에 손병희는 〈준비 시대〉라는 책을 펴냈다. 이 책에서 그는 우리 나라가 독립된 나라로 살아남기 위해서는 무엇보다 교육이 중요하다고 주장하였다.

　손병희는 천도교에서 추진할 사업 중 교육 사업을 맨 위에 두었다. 천도교의 재정 상태가 좋아지자, 그는 본격적인 교육 사업을 실천해 나가기로 했다.

　마침 그 일을 마음 놓고 맡길 수 있는 사람이 나타났다.

　1910년 10월 어느 날, 최린이 손병희 집을 찾아왔다.

　최린은 손병희가 일본에 있을 때 만난 젊은이로, 당시 메이지 대학 법과를 다니고 있던 유학생이었다. 그렇잖아도 유능한 인재를 찾고 있던 손병희는 최린을 반갑게 맞았다.

　"어서 오게. 자네가 귀국했다는 말을 들은 지 1년이 지났는데 왜 이제야 나타나나?"

　"솔직히 말씀드리겠습니다. 선생님께서 일진회를 통해 일본에 협력한다는 소식을 듣고 실망이 참 컸었지요. 귀국한 뒤에야 선생님

과 일진회의 관계를 자세히 알게 되었습니다. 한때나마 선생님을 의심한 것이 죄송스러워 차일피일 미루다 보니 찾아뵙는 것이 늦어졌습니다. 용서해 주십시오."

이렇게 말하며 최린이 무릎을 꿇었다.

그러자 손병희는 얼른 최린을 일으켜 세우며 말했다.

"외국에 있으면 이곳의 사정을 잘못 알 수도 있는 법. 지나간 일은 말하지 말고, 앞으로의 일만 생각하세. 다른 말은 필요없고 부탁할 게 하나 있네. 내 곁에서 내 일을 도와주게."

"감사합니다. 이제부터 선생님과 목숨을 같이하겠습니다."

"고맙네. 그럼 우선 우리 교에 들어와 주게."

다음 날 최린은 천도교에 입교하였다. 그 뒤 최린은 손병희의 오른팔이 되어 천도교의 발전에 많은 공헌을 하였다.

많은 지식인들은 빼앗긴 나라를 되찾기 위해서는 무엇보다 교육이 중요하다는 것을 잘 알고 있었다. 그래서 뜻있는 사람들이 나라 곳곳에 학교를 세웠다.

그러나 일본은 우리 나라의 교육열이 높아지는 것을 바라지 않았다. 우리 국민들이 무지한 상태에 있어야 식민 통치를 더 쉽게 할 수 있기 때문이었다.

일본은 교묘한 방법을 써서 학교들이 제대로 운영되지 못하게 방해했다.

천도교는 재정적으로 여유가 있는 편이었으므로, 손병희는 경제적인 어려움에 처한 학교가 있으면 기꺼이 돈을 보태 주었다.

손병희가 교육에 대해 지닌 열의는 천도교가 동덕 여학교를 인수하는 과정을 통해 잘 알 수 있다.

동덕 여학교는 조동식이 1908년 개인의 집 방 한 칸을 빌려 세운 야간 학교였다.

그런데 당시의 사람들은 여자가 밤에 외출하는 것을 꺼리고 있어서, 학생들을 모집하는 것이 여간 어려운 일이 아니었다. 그러다 보니 수업료를 받기는커녕 교과서며 학용품을 무료로 대어 주어야 했기 때문에 학교 경영에 어려움이 많았다.

조동식은 부자들을 찾아다니며 도움을 부탁했으나 퇴짜를 맞기 일쑤였고, 몇 푼씩 생기는 돈은 선생들의 봉급을 주기에도 모자랐다.

결국 조동식은 학교의 문을 닫을 수밖에 없는 상황에 몰렸다.

그때, 조동식은 천도교 교주 손병희가 교육에 큰 관심을 두고 있다는 말을 들었다.

그는 '물에 빠진 사람 지푸라기라도 잡는다.'라는 속담처럼 무턱대고 손병희를 찾아갔다. 그러나 차마 처음 보는 사람에게 도와 달라는 말을 하기가 어려워 미적거렸다.

손병희는 이미 조동식이 처한 사정을 잘 알고 있었다.

손병희는 빙그레 웃으며 말했다.

"조 선생, 좋은 일을 하시면서 무얼 그리 망설이시오. 동덕 여학교가 경영 문제로 어려움을 겪고 있다는 사실을 잘 알고 있소. 앞으로 매달 10원씩 보내 드릴 테니, 용기를 잃지 말고 잘 이끌어 나가 보시오. 그리고 혹시 힘든 일이 있으면 언제라도 찾아오시오."

조동식은 믿기 어려운 말에 멍하니 손병희의 얼굴을 바라보았다. 그 뒤 조동식은 수시로 손병희를 찾아가서 많은 도움을 받았다.

이듬해 10월, 천도교는 중앙 교당을 새로 지어 이사하게 되었다. 이 소식을 들은 조동식은 즉시 손병희를 찾아가서 말했다.

"선생님, 중앙 교당으로 이사하면 지금 쓰는 교당은 비게 되지 않습니까? 그 집을 제게 주십시오."

"어디에 쓰려고 그러시오?"

"우리 학교엔 건물이 없지 않습니까? 좁은 셋집에서 학생들을 가르치자니 문제가 많습니다."

"그럽시다. 드리도록 하지요."

천도교의 교당 건물 정도라면 값이 엄청나게 나갈 것은 말할 나위도 없다. 그런 건물을 흔쾌히 내놓은 것은 손병희가 그만큼 교육 사업을 중요시하고 있었기 때문이었다.

하루아침에 좋은 건물을 가지게 된 동덕 여학교는 금방 급속도로 커졌다. 1914년부터 이 학교는 천도교에서 운영을 맡게 되었는데, 총독부에서 '사립 학교 규칙'을 발표하여 이 학교의 문을 닫으려고 했기 때문이었다.

1905년 이용익이 설립한 보성 학원은 소학교, 중학교, 전문학교로 이루어져 있었는데, 그 당시 가장 큰 사학이었다.

그러나 러·일 전쟁 후 친러파였던 이용익이 러시아로 망명하자, 어린 손자인 이종호가 이 학교의 운영을 맡았다.

그러다가 국권 피탈 후 이종호마저 러시아로 떠나서 주인 없는 학교가 되어 버리고 말았다.

대리로 보성 학원을 맡아 운영하고 있던 윤익선은 손병희를 찾아가서 도움을 청했다.

"선생님께서 도와주시지 않으면 보성 학원은 문을 닫을 수밖에 없습니다."

"그리 되게 내버려 둘 수는 없지요. 우선 보조금을 얼마씩 드릴 테니 버텨 보시오."

그러나 보성 학원은 1만 원이 넘는 빚을 지고 있었다. 그래서 매달 받는 얼마씩의 돈으로는 문을 닫을 위기를 넘길 수 있는 형편이 아니었다.

윤익선은 다시 손병희를 찾아가서 호소했다.

"선생님이 맡지 않으시면 보성 학원은 꼼짝없이 문을 닫을 수밖에 없습니다. 차라리 천도교에서 보성 학원의 빚을 갚아 주고 인수해 주십시오."

이 말에 손병희는 잠시 깊은 생각에 잠겼다.

손병희는 이미 만들어진 학교를 인수하기보다 새로 학교를 세울 계

획을 가지고 있었다.

보성 학원이 지고 있는 어마어마한 빚을 갚고 나면, 당분간은 새로운 학교를 세울 생각을 포기해야 했다.

그러나 손병희는 생각을 바꾸었다.

'얼마든지 훌륭하게 커 갈 수 있는 학교를 경영난으로 문을 닫게 할 수는 없지. 우리 천도교가 맡아서 훌륭한 학교로 키워 보리라.'

그리하여 문을 닫을 위기에 처해 있던 보성 학원은 손병희의 결단에 의해 다시 살아나게 되었다.

단지 문을 닫을 위기를 모면한 정도가 아니었다. 천도교에서 운영을 맡은 뒤, 보성 학원은 비약적으로 발전했다.

천도교에서는 보성 학원에 대한 지원을 아끼지 않았다. 전교생의 수학여행 비용을 모두 대어 주기도 하고, 선생들의 봉급을 올려 다른 학교보다 우수한 선생들을 구할 수 있었다.

1914년 10월에는 거액을 들여 새로 2층짜리 양옥 건물을 지어 교사를 이전하기도 했다.

천도교에서 보성 학원을 맡아 운영한 것은 1910년에서 1918년까지였다. 이 8년 동안 보성 학원은 민족 전통의 대표적인 사학으로 굳건히 자리잡게 되었다.

보성 학원의 학생들이 투철한 민족 의식을 지니게 된 데에는 손병희의 역할이 컸다.

당시의 보성 전문 학교가 바로 지금의 고려 대학교이다.

손병희는 교육 사업으로 나라의 인재를 기르는 한편, 문화 사업을 통해 국민의 의식을 계몽하는 일에도 소홀히 하지 않았다.

손병희는 보성사라는 인쇄소를 운영하여 교서 간행과 보급, 교양 도서 출판 등에도 열성을 보였다.

당시 인쇄소를 차려 출판 사업을 하는 것은 수익을 기대하기 어려운 일이었다. 인쇄기 한 대를 사는 데만도 엄청난 돈이 드는 반면, 책을 만들어도 살 수 있을 정도로 경제적으로 윤택한 사람이 드물었다.

보성사 역시 계속 적자를 냈기 때문에, 천도교 간부들은 손병희에게 보성사를 처분하자고 건의했다.

이에 손병희는 고개를 절레절레 흔들었다.

"군대를 키우는 데 돈이 든다고 군대를 없앨 수는 없지 않소? 보성사는 우리의 군대와 마찬가지요. 손해를 본다고 해서 보성사의 문을 닫을 수는 없소."

손병희의 의지는 단호했다. 결국 보성사는 손병희의 뜻대로 계속 운영되었다.

어쩌면 그때 벌써 손병희는 독립 운동 의지를 키우고 있었는지도 모른다. 뒷날 3·1 운동이 일어났을 때, 보성사는 독립 선언서를 인쇄하는 큰 역할을 수행했던 것이다.

14. 독립의 횃불을 치켜들 때

　1914년부터 1918년까지 인류는 이전에 경험하지 못했던 커다란 전쟁의 소용돌이에 빠져 들었다. 그것이 바로 제1차 세계 대전이다.
　영국, 프랑스, 러시아 등의 '연합국' 진영과 독일, 오스트리아 등의 '동맹국' 진영이 벌인 대규모의 전쟁이었다. 이 전쟁은 연합국 측의 승리로 끝났다. 이 전쟁으로 너무나 많은 사람들이 죽었고, 이런 처참한 일이 되풀이되지 않도록 영구적인 평화를 보장할 수 있는 방법이 마련되어야 한다고 주장하는 목소리들이 터져 나왔다.
　전쟁이 끝난 뒤, 프랑스 파리에서는 세계 평화를 위한 '파리 강화 회의'가 열렸다.
　이 회의에서 미국의 월슨 대통령은 '평화 원칙 14개 조항'을 발표했다. 이 14개 조항 중에는 '각 민족의 운명은 그 민족 스스로가 결정해야 한다.'는 내용의 '민족 자결주의' 원칙이 들어 있었다.
　그 당시 세계는 강대국이 약소국을 침략하여 식민지로 만들어 지배하던 때였다. 그래서 월슨 대통령의 민족 자결주의는 약소민족에게 큰 희망을 불러일으켰다. 세계 곳곳에서 식민지의 설움을 겪고 있던 나라들이 독립을 요구하며 나섰다. 그 중에는 아일랜드처럼 독립을 성취하기 직전의 나라도 있었다.

손병희는 오래전부터 우리 나라가 독립을 하기 위해서는 모든 국민이 참가하는 획기적인 독립 운동이 있어야 한다고 생각했다.

그래야 일본이 세계 각국의 눈치 때문에라도 우리 나라를 독립시킬 수밖에 없다고 생각했던 것이다.

손병희는 점점 그때가 다가오고 있음을 느꼈다. 그래서 미리 대비하기 위해, 특히 천도교 교도들의 단합에 더욱 힘을 기울였다.

1919년 1월 22일, 서울 거리는 울음바다가 되었다. 고종 황제가 갑자기 세상을 떠났다는 소식이 총독부에 의해 발표되었던 것이다.

어떻게든 우리 나라가 일본의 지배를 받게 되는 것을 막아 보려고 노력했던 임금이었다. 그러다가 일본의 미움을 사서 1917년에는 강제 폐위되는 수모를 겪기도 한 분이었다.

국권 피탈이 된 뒤부터는 덕수궁에 감금되다시피 하며 지냈고, 백성들은 더 이상 고종의 소식을 들을 수 없었다.

백성들 사이에는 고종이 악랄한 일본 사람들에 의해 암살당했다는 소문이 떠돌았다. 백성들의 분노는 하늘을 찔렀고, 슬픔은 땅을 뒤덮었다.

손병희는 때가 무르익었음을 알았다. 손병희는 오세창, 권동진, 최린을 불러 독립 운동의 방법을 의논했다.

"드디어 우리가 기다리고 있던 때가 왔소. 지금이야말로 독립 운동의 횃불을 치켜들 때요. 여러분 생각은 어떻소?"

"선생님의 말씀대로입니다."

세 사람이 합창하듯 한목소리로 말했다.

손병희는 감개무량한 얼굴로 천장을 오래 바라보다가 불쑥 고개를 돌렸다.

"이 운동은 우리 천도교 교도들만의 것이어서는 안 되오. 불교, 기독교와도 힘을 합쳐 모든 백성들이 한꺼번에 떨치고 일어서야 할 것이오."

"옳은 말씀입니다."

"일본 경찰들이 감시의 눈빛을 번뜩이고 있소. 각자 역할을 분담하여 일을 성사시키되, 거사의 그 날까지 들키지 않도록 각별히 조심해야 할 것이오."
"명심하겠습니다."
그들은 머리를 맞대고 세세한 계획을 세우기 시작했다.

독립 운동이 전 국민의 호응을 받기 위해서는 천도교, 불교, 기독교가 서로 힘을 합쳐야 했다. 세 종교의 대표자들 사이에 연락이 빈번히 오고 갔다.

천도교의 최린, 불교의 한용운, 기독교의 이승훈 등이 주로 그 역할을 했다.

독립을 바라는 우리 국민의 뜻을 세계에 알릴 독립 선언서를 쓰는 일은 최남선이 맡았다. 우리 국민들의 장래와 운명을 좌우할 중대한 거사였다. 우리 국민들의 생각과 주장을 대변할 독립 선언서이므로 단어 하나, 글자 한 자라도 함부로 쓸 일이 아니었다.

손병희는 독립 운동의 기본 방침에 대한 생각을 밝혔다.

"이 운동은 철저히 비폭력, 무저항의 원칙에 따라 펼쳐져야 합니다. 거사가 이루어지면 필시 왜적들은 총칼로 억누르려고 할 것이고, 거기에 대해 맞대응하면 우리 강산은 백성들이 흘린 피로 뒤덮일 것이오. 원한은 원한을 낳고, 피는 피를 부르는 법이오. 나는 그렇게 되는 것을 바라지 않소. 나의 뜻이 꼭 독립 선언서에 반영되었으면 좋겠소."

이에 대해 불교와 기독교 측에서도 반대가 없었다.

거사를 준비하는 과정에서 많은 돈이 필요했다. 손병희는 천도교에서 자금을 대도록 했다.

드디어 독립 선언서의 초고가 완성되었다. 초고를 검토하는 자리에서 한용운이 공약 3장을 추가했다. 독립 선언서에 서명할 민족 대표

들을 선정하는 과정에서는 논란이 많았다. 각 교단이 서로 은근히 경쟁심을 드러낸 탓이었다. 옥신각신 논의가 오고 간 끝에 33인이 선정되고, 맨 처음에는 손병희가 서명하기로 정해졌다.

다음으로 거사 날짜와 장소에 대한 논의가 있었다.

"많은 사람이 참가할수록 독립 운동의 성과도 커질 것이오. 이걸 전제로 하여 날짜를 정해 봅시다."

"3월 3일에 고종 황제의 인산(왕이나 왕비의 장례)이 있소. 그 날 지방에서도 많은 백성들이 올라올 것인즉 그 날이 어떻겠소?"

"한과 슬픔 속에 돌아가신 분입니다. 마지막 땅에 묻히는 날까지 소란을 일으키는 것은 바람직하지 못합니다."

"그럼 3월 2일로 정할까요?"

"우리 기독교에서 그 날은 안식일입니다. 안식일에는 아무 일도 하지 않고 오직 주님의 은총을 찬미할 뿐입니다. 그 날은 피해야 합니다."

그렇게 하여 3월 1일로 거사 날짜가 결정되었다. 장소는 파고다 공원으로 정해졌다. 이제 모든 준비는 끝나고, 독립 선언서만 인쇄하면 되었다. 어쩌면 그 일이 가장 힘들고 위험한 일이 될지도 몰랐다.

2월 27일 오후, 독립 선언서 원고가 보성사 사장 이종일의 손에 넘겨졌다. 누구의 눈에도 띄지 않게 독립 선언서를 인쇄해야 했으므로 많은 어려움이 따랐다.

이종일은 직원들을 모두 퇴근시킨 뒤인 오후 6시부터 일을 시작했다. 공장 감독 김홍규가 작업을 도왔다.

빛이 새어 나가지 않도록 창문을 커튼으로 가리고, 온 신경을 날카롭게 세운 가운데 인쇄 작업은 빠르게 진행되었다.

"쾅, 쾅, 쾅."

갑자기 밖에서 문을 두드리는 소리가 들렸다.

이종일은 가슴이 철렁 내려앉았다.

'이 밤중에 누구지? 올 사람이 없는데……'

이종일의 다리가 후들후들 떨리고 있었다.

'혹시 비밀이 새어 나간 게 아닐까요?'

김홍규가 눈빛으로 그렇게 묻고 있었다.

그러나 문은 거기 한 곳뿐이었으므로 달아날 수도 없었다. 아니, 달아날 길이 있다고 하더라도 막중한 책임을 내동댕이친 채 달아날 수는 없는 일이었다.

이종일은 떨리는 손으로 문을 열었다. 문밖에는 종로 경찰서의 형사 신승희가 서 있었다. 신승희는 조선 사람이면서도 수없이 많은 동포들을 검거하고, 악랄한 고문을 가하기로 소문이 나 있었다.

'하느님, 차라리 악귀를 만났어도 이보다는 더 반가웠을 것을……'

이종일은 눈앞이 캄캄해져 왔다.

신승희는 모든 것을 다 안다는 듯이 기묘한 미소를 짓고 있었다.

이종일은 털썩 주저앉아 신승희의 무릎을 잡고 애원했다.

"이 일은 아무도 막지 못합니다. 하루만 지나면 다 끝날 일이니 제발 못 본 체해 주시오."

신승희는 무엇인가 생각하고 있는 듯 묵묵히 서 있었다.

이종일의 가슴속에 한줄기 희망의 불빛이 비쳤다.

"의암 선생님을 뵈러 갑시다. 무언가 당신에게 좋은 일을 해 주실 겁니다."

"여기서 기다리고 있을 테니 당신이나 갔다 오시오."

이종일은 허겁지겁 손병희의 집으로 달려갔다.

이종일의 이야기를 들은 손병희는 돈 뭉치를 신문지로 둘둘 싸서 건네주었다.

"이걸 그 자에게 주시오. 내 생각에는 별일 없을 것 같은데……. 밤 늦게 수고가 많습니다."

얼마 후, 이종일로부터 돈을 건네받은 신승희는 만족한 표정을 지으며 사라졌다. 이렇게 아슬아슬한 고비를 넘기면서 독립 선언서 2만 장의 인쇄가 끝났다. 이종일은 그것을 경운동 천도교 교당으로 옮겨 가서 깊숙이 숨겨 두었다.

1919년 2월 28일, 민족 대표들은 손병희의 집에서 마지막 준비 모임을 가졌다. 손병희가 인사말을 겸하여 자기의 감회를 밝혔다.

"이번의 거사는 우리 후손들이 길이 복을 누리며 잘살 수 있게 하기 위한 것입니다. 조상님들의 돌보심과 여러분의 뜨거운 마음에 따라 반드시 소망한 바가 이루어지리라고 믿습니다. 지금까지 들키지 않고 일이 진행되어 온 것이야말로 하늘이 우리를 돕는다는 증거가 아니겠습니까?"

박희도가 거사 장소에 대한 문제점을 지적했다.

"학생들이 내일 파고다 공원에서 독립 선언식이 있는 것을 눈치 챈 것 같습니다. 제 생각에는 많은 학생들이 참가할 것 같은데, 그래도 괜찮을까요?"

"그것 좋지 않은데요. 피해는 우리 민족 대표 33인으로 끝나야지, 학생들이 피를 흘리게 해서는 안 됩니다."

"맞는 말씀이오. 사람들이 많이 모이면 필경 소란해질 것이고, 일본 경찰들은 그걸 핑계로 무슨 짓을 할지 모릅니다."

"그렇다고 이제 와서 장소를 바꾸는 것도 우습지 않소."

논의가 분분해지자 손병희가 결론을 내렸다.

"일단 파고다 공원 근처의 태화관에서 모입시다. 그곳에서 일이 돌아가는 것을 지켜보다가 적절히 대처해 나가는 것이 좋을 듯하오."

논의가 끝나자 모두 뿔뿔이 흩어져 집으로 돌아갔다. 그들의 얼굴에는 모두 비장한 결의가 어려 있었다.

15. 대한 독립 만세

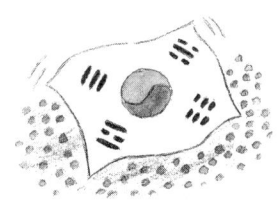

1919년 3월 1일, 손병희는 평소와 다름없이 아침 일찍 눈을 떴다. 그리고 맑은 물을 떠 놓고 기도를 올렸다.

'부디 우리 이천만 겨레의 염원인 독립이 이루어지게 해 주소서. 억울한 희생자들이 한 명도 나오지 않게 해 주소서.'

아침 식사가 끝났을 때, 권동진과 오세창이 나타났다.

뒤이어 최린이 방으로 들어섰다. 최린이 손에 들고 있던 독립 선언서를 내보이며 흥분된 목소리로 말했다.

"오늘 아침 집 밖으로 나가 보았더니 이게 대문 앞에 떨어져 있습디다. 우리 계획대로 잘 진행되어 가고 있는 거예요. 간밤에 집집마다 이걸 뿌리고 다니느라 학생들이 고생이 많았어요."

최린은 잠시 숨을 돌리고 나서 다시 말했다.

"이제 일본 경찰들의 손에도 독립 선언서가 들어갔을 겁니다. 그 자들이 서명한 사람들을 그냥 놓아둘 리 없으니 곧 체포하러 이 집으로 올 거예요. 우물쭈물하다가는 여기서 잡혀갈지 모르니 태화관에 미리 가 있는 게 좋을 듯싶습니다."

"그 말이 옳소."

손병희는 외출복으로 갈아입고 세 사람과 함께 약속 시간보다 먼저 태화관으로 갔다. 한 시가 넘자 민족 대표 대부분이 모였다. 방 안은 곧 터질 듯한 팽팽한 긴장감으로 가득 찼다. 갑자기 현관에서 떠들썩한 소리가 나더니 주인이 허둥지둥 방 안으로 들어왔다.

"밖에 학생 대표라고 하는 사람들이 와서 선생님들을 만나 뵙길 청합니다."

권동진과 최린이 대표로 나가서 학생들을 만났다.

보성 전문학교에 재학 중인 강기덕을 비롯한 학생 대표 세 명이 잔뜩 상기된 얼굴로 서 있었다. 강기덕이 가쁜 숨을 몰아쉬며 말했다.

"지금 파고다 공원에는 수천 명의 청년 학도들이 모여 선생님들이 오시기만을 기다리고 있습니다. 그런데 민족 대표라는 분들이 이렇게 요정에만 앉아 계시면 어쩝니까? 격분한 학생들이 무슨 짓을 저지를지 모릅니다."

최린이 나서서 학생들을 타일렀다.

"우리가 여기에 있는 것은 일본 경찰들이 간악한 짓을 저지를 구실을 주지 않기 위해서네. 장소를 변경해 놓고 여러분에게 알리지 못한 것은 우리들 불찰일세. 아무튼 이렇게 된 일이니 학생들은 학생들대로 따로 일을 진행하게."

학생 대표들은 최린의 설명에 수긍하고 다시 파고다 공원으로 돌아갔다.

잠시 후, 민족 대표들이 모인 방으로 요리상이 들어왔다.

한용운이 벌떡 일어나며 말했다.

"축배를 들기 전에 제가 오늘의 거사에 대해서 한 말씀 드리겠습니다."

한용운은 목을 가다듬은 뒤, 단호한 목소리로 말했다.

"우리는 지금 잔악한 일제의 쇠사슬을 풀고, 자유 독립을 향하여 떨쳐 일어서려고 합니다. 마지막 한 순간까지, 마지막 한 사람까지 우리 나라의 독립을 위해 싸우도록 합시다!"

한용운이 말을 마치고 만세를 선창했다.

"대한 독립 만세!"

그러자 모두들 따라 일어나서 소리 높이 외쳤다.

"대한 독립 만세!"

만세를 부르는 민족 대표들의 얼굴은 흥분으로 붉게 상기되어 있었다. 갑자기 만세 소리가 들리자, 태화관 주인이 얼굴이 하얗게 질려 방으로 뛰어들어 왔다.

주인이 손병희의 옷소매를 붙잡고 하소연했다.

"선생님들, 도대체 왜 이러십니까? 저는 이제 죽은 목숨입니다."

"이 사람아, 죽으면 우리가 죽지 자네가 왜 죽나?"

"모르시는 말씀입니다. 제 집에서 이런 일이 생겼으니, 경찰들이 저를 그냥 놔두겠습니까?"

주인이 눈물을 뚝뚝 흘리는 것을 보자, 민족 대표들의 마음도 개운

하지가 않았다. 그때 누군가가 말했다.

"주인, 총독부에 전화를 거시오. 우리가 여기 있다고 말이오."

일본 경찰의 보복으로 태화관의 영업이 정지되거나 주인이 붙잡혀 가는 일이 없게 하려는 배려에서였다.

잠시 후, 일본 경찰들이 몰려와서 태화관을 에워쌌다.

경찰 간부가 최린을 불러냈다.

"지금 파고다 공원에는 수만 군중이 몰려들어 있습니다. 일이 이렇게 커진 이상 당신들을 연행해 가지 않을 수 없게 됐습니다."

최린이 대답했다.

"죽음을 각오하고 벌인 일인데, 경찰서로 잡혀가는 것이 뭐가 두렵겠소? 그러나 걸어갈 수는 없소. 우리가 끌려가는 모습을 보면 흥분한 군중들이 무슨 일을 벌일지 모르는 일 아니겠소? 자동차를 준비해 주시오."

손병희를 시작으로 민족 대표들은 세 명씩 자동차에 태워져 경무총감부로 실려 갔다. 길가에 늘어서 있던 학생들이 그 모습을 보고 모자를 벗어 흔들며 만세를 불렀다. 자동차 속의 민족 대표들도 따라 만세를 부르며 손을 흔들어 주었다. 이갑성은 품속에 숨겨 두고 있던 독립 선언서 1백 장을 군중들에게 뿌렸다.

그 날 정오가 지날 무렵, 파고다 공원에는 5천 명이 넘는 학생들이 모여 있었다. 오전 수업을 마치고 각 학교 대표의 인솔에 따라 모인

중학교 및 전문학교 학생들이었다.

수를 셀 수 없는 일반인들도 그들과 합세했다. 오후 2시쯤 연단 위에 태극기가 모습을 드러내자, 군중들의 흥분은 절정에 달했다.

경신 학교 졸업생 정재용이 독립 선언서를 낭독했다.

독립 선언서 낭독이 끝나자마자, 사람들은 두 팔을 높이 쳐들며 만세를 불렀다. 한꺼번에 터진 만세 소리는 천지를 뒤흔드는 듯했다.

"대한 독립 만세!"

"대한 독립 만세!"

파고다 공원에서 시작된 시위 행진은 밤이 되어도 그치지 않았다. 군중들의 숫자는 수십만 명을 넘어섰다. 거리 곳곳에는 태극기가 나부꼈고, 휘황한 횃불이 서울의 밤하늘을 밝혔다.

서울에서 울려 퍼진 독립 만세의 외침은 순식간에 전국 방방곡곡으로 메아리쳐 나갔다. 뿐만 아니라, 바다 건너 해외 동포들이 많이 있는 미국, 일본 등지로도 그 불길은 번졌다.

일본은 독립 만세를 외치는 우리 민족의 요구에 대해 총과 칼로 대답했다. 1만 명이 넘는 무고한 목숨들이 꽃 같은 피를 뿌리며 쓰러져 죽어 갔다.

일본의 보복과 탄압은 악랄하고 가혹했다. 그들은 독립 선언식이 거행되었던 태화관과 독립 선언서를 인쇄한 보성사를 불질러 버렸다. 특히 독립운동의 주도적 역할을 한 천도교에는 가혹한 박해를 가했다.

그러나 천도교의 독립운동은 끊임없이 계속되었다.
"우리 교주 손병희 선생의 독립 선언이 있은 이상 어떤 장해가 있어도 이를 실현하기 위해 교도들은 죽을힘을 다해 나아갈 것이다. 살아 있는 자는 어느 때고 죽는다. 우리가 어찌 감히 죽음을 두려워하겠는가?"
이것이 그들의 결의였다.
일반 민중들의 저항도 좀처럼 수그러들지 않았다.

터졌구나, 터졌구나, 대한 독립의 소리
십 년을 참고 참아, 이제야 터졌네.
삼천리 금수강산, 2천만 민족
살았구나, 살았구나, 아, 한소리에
만세, 만세, 독립인 만만세, 대한 만만세.

이것은 함경도 지방을 중심으로 독립 시위를 벌인 민중들이 부른 노래이다. 독립 만세의 외침은 이처럼 노래로도 지어져 겨레의 마음에 울려 퍼졌다.

16. 내게 병이 있다면 독립병

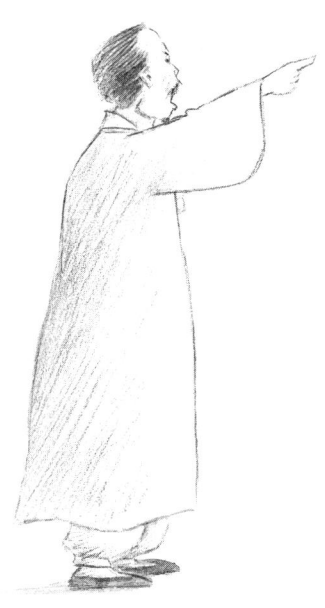

　남산 밑 경무 총감부로 자진해서 끌려간 민족 대표들이었다. 그러나 그들은 흉악한 범죄자 취급을 받으며, 그 날 밤부터 고문에 가까울 정도로 고통스러운 취조를 받았다.
　'조선은 독립되고야 만다. 그렇게 되지 않을 이유가 없기 때문이다.'
　이것이 손병희의 신념이었다.
　손병희는 일본이 미워하는 천도교의 교주라는 이유로 더욱 가혹한 취급을 당했다. 그러나 상대방이 어떻게 나오더라도 신념에 찬 그의 당당한 기세는 꺾이지 않았다. 검사의 심문을 받을 때에도 손병희는 자신의 신념을 확신에 찬 어조로 털어놓았다.
　"피고는 조선이 독립될 것이라고 믿는가?"
　"그렇다."
　"어찌하여 그렇게 된다고 생각하는가?"
　"현재 파리에서 열리고 있는 강화 회의에 일본은 전쟁에 승리한 국가의 하나로 참가하고 있다. 이 회의는 민족 자결주의를 의제로 삼

고 있다. 따라서 일본은 당연히 조선의 독립을 승인할 것이라고 보았다."
"피고는 앞으로도 독립운동을 하려고 하는가?"
"물론이다. 기회만 있으면 나는 독립을 얻기 위해 노력할 것이다."

법정에서도 손병희는 굽힘 없이 자신의 의지를 밝혔다. 손병희는 오히려 일본인 재판관을 꾸짖었다.

"파리 강화 회의에서 선언한 세계 평화의 원칙을 재판관은 인정하지 않겠다는 뜻인가? 재판관은 세계 평화를 반대하고, 민족 자결의 원칙을 무시할 작정인가?"

손병희의 말에 재판관은 대답을 하지 않았다.

사실상 재판은 형식적인 절차에 지나지 않았다. 일본 정부는 민족 대표들을 내란죄로 몰고 갈 생각이었고, 과연 민족 대표들이 형을 받아야 할 만한 죄를 지었느냐 하는 것은 문제가 되지 않았다.

1920년 10월 30일, 손병희를 비롯한 민족 대표들에게 형량이 선고되었다. 손병희, 최린, 권동진, 오세창, 이종일, 이승훈, 함태영, 한용운 등은 징역 3년, 그 밖의 사람들은 징역 2년 6개월에서 1년 6개월이 선고되었다.

손병희는 서대문 형무소로 옮겨졌다. 민족 대표들은 모두 중죄인 취급을 받아 한 평 남짓한 독방에 갇혀 지냈다.

59세의 손병희에게 감방 생활이라는 갑작스러운 환경의 변화는 그의 몸에 큰 타격을 주었다. 그래서 그는 수감된 지 얼마 지나지 않아서 병을 얻고 말았다.

그러나 그는 정신적인 면에서는 오랜 수도 생활을 통해 달관의 경지에 이른 사람이었다. 가족이나 교도들이 면회를 와서 그의 건강을 걱정하면 오히려 이렇게 말하며 그들을 위로했다.

"걱정하지 마라. 언젠가는 죽겠지만 이곳에서는 결코 죽지 않을 테니까. 여기 있는 동안 마음 편하게 도나 닦으며 지낼 테다."

하지만 아무리 강한 정신력을 지닌 손병희라고 해도 몸속으로 파고드는 병을 막을 수는 없었다. 그는 몸을 지탱할 수 없을 만큼 쇠약해져 때때로 혼수 상태에 빠지기도 했다.

가족들은 병 보석을 신청했다. 담당 의사도 허락했으나 형무소 측에서 허가해 주지 않았다.

가족들이 정무 총감을 찾아가서 호소했으나 반응은 차가웠다.

"손병희는 천황 폐하의 명령이 아니면 풀어 줄 수 없다."

정무 총감의 말이었다.

손병희의 몸 상태는 점점 나빠져 갔다. 온몸이 퉁퉁 부어오르고 음식을 제대로 삼키지 못했다. 손가락이 팔목만큼 굵어 보일 정도였다.

그제야 겨우 병 보석이 허락되었다. 손병희는 감옥에 갇힌 지 1년 8개월 만에야 바깥 세상으로 나올 수 있었다.

손병희는 자동차에 실려 집으로 돌아왔다. 수많은 사람들이 손병희를 보기 위해 길가에 늘어서 있었으나 그는 손 한 번 흔들어 보이지도, 미소 한 번 지어 주지도 못했다.

1922년 봄으로 접어들면서 손병희의 병은 조금 차도를 보이는 것 같았다. 다른 사람의 부축을 받으며 조금씩 걸을 수 있을 정도가 되었고, 의식도 약간 맑아졌다.

어느 날, 문병 온 사람이 손병희에게 물었다.

"선생님, 많이 좋아지신 듯이 보입니다."

손병희는 희미하게 미소를 지으며 말했다.

"잘 보았소. 내겐 아무 병도 없소. 만약 있다면 그건 독립병이오. 오늘이라도 독립이 되면 내 병은 깨끗이 나을 것이오."

그러나 차도를 보인 기간은 아주 짧았다.

5월 10일경부터 손병희의 병세는 급격히 나빠졌다. 5월 16일 오전, 손병희는 대도주 자리를 물려준 박인호를 불렀다.

교단에 관한 일들을 이것저것 물어보던 손병희가 갑자기 말했다.

"춘암, 날 좀 일으켜 주구려."

박인호가 손병희의 상체를 부축해 일으켜 주었다.

"웃옷을 좀 벗겨 주시오. 춘암한테 보여 줄 것이 있소."

박인호가 조심스럽게 웃옷을 벗기자 손병희가 다시 말했다.

"손으로 내 어깨를 만져 보시오."

박인호가 시키는 대로 했다.

"보통 사람들의 어깨와 비교한다면 어떻소?"

"좀 두드러진 것 같습니다."

손병희는 눈을 지그시 감았다. 감은 눈 속에서 무엇을 열심히 찾고 있는 듯하던 얼굴이 갑자기 감회 어린 표정으로 바뀌었다.

"나는 20년 가까운 세월을 해월 스승님을 모시면서 가마 앞채를 멨소. 나도 사람인데 어찌 힘들지 않았겠소? 그런데 참 이상하지. 한 번도 즐겁지 않은 적이 없었거든."
 그것이 손병희의 마지막 유언처럼 되고 말았다.
 1922년 5월 19일 새벽, 손병희는 결국 그토록 소원하던 우리 나라의 독립을 보지 못하고 영영 돌아올 수 없는 길을 떠나고 말았다.
 신문사들은 호외를 찍어 손병희의 별세 소식을 세상에 알렸다.
 며칠 동안이나 손병희의 빈소를 찾는 발길이 끊이지 않았다.
 6월 5일, 장례식이 거행되었다. 열대의 자동차와 2백 대가 넘는 인력거, 5천 명이 넘는 사람들이 그의 영구(시체를 넣은 관)를 뒤따랐다.
 비가 내리는 가운데, 손병희의 유해는 서울 우이동 언덕에 묻혔다. 소리 없이 내리는 비는 그곳에 모인 수많은 사람들의 가슴을 슬프게 적셨다.
 한 신문에는 손병희의 죽음을 애도하는 다음과 같은 글이 실렸다.

의암 손병희 선생은 부귀영화를 조금도 탐내지 않으셨으며, 강한 자를 누르고 약한 자를 돕는 진실로 의로운 분이셨다. 또한 선생은 우리 나라의 종교에, 국민 교육에, 그리고 독립 운동에 이바지한 큰 별이셨다. 그의 지혜는 하늘이 주신 것이며, 맑고 고운 마음은 태어나면서 물려받은 것이다. 우리가 선생을 사모하고 기리는 까닭도 이 때문이다.